学級経営サポートBOOKS

JN040178

「専手必笑」で崩壊を防ぐ
教師の観察眼と対応力

ヒヤリハット学級経営

関田聖和

明治図書

はじめに
「専手必笑」で荒れを防ごう

「専手必笑」。これは，私の造語です。

専門性のある千の手立てで，文字通り，先手必勝。
そのために，笑顔は，必須条件！
「専門的な手立てで，必ずみんな笑顔になる！」

　まさに各校で，「専手必笑」できるように，学級づくりについて考えてみました。全国では，「学級がうまく機能しない状況」，つまり，「学級崩壊」してしまっている状況の話をよく耳にします。私の周囲にも，病休，退職。あってはいけないのですが，自らの命を絶ってしまった友人もいます。学級が機能しなくなる状態からの立ち直りに，この本は，少ししか役に立たないかもしれません。学級担任や関わっている先生方が，あれっ，大丈夫かな？と思う少し前に手に取っていただき，確認してもらうための本にしています。
　そこで，それぞれの項目をチェックリスト化して，各章にまとめさせていただきました。各章において，私の成功例だけではなく，失敗談も含めて，対策とポイントを綴らせてもらっています。

　第1章　超基本編では，もうこの状況になってしまっているならば，学級が崩れてしまってますよ，ということを項目に起こしています。年度や学期の始めごとに確認してもらっても良いでしょう。

　第2章　子どもの姿編では，学級担任や子どもと関わる先生方が，子どもの姿を通して感じ取ることのできることを項目にしてまとめました。「子どもは教師の鏡」という言葉があります。子どもの姿を通して，学級経営を捉え直すことができることでしょう。

第３章　教室環境編では，学校環境のハード面を中心に綴らせてもらっています。こちらは，すぐに整え直しができますので，学級経営に少しお困りの先生は，この章から取り組むことをお勧めします。

　第４章　教師自身編では，まさに教師自身の姿について見つめ直してみます。なかなか自分のことを振り返ることには勇気が要るのですが，これだけは，と思うことを項目にして，まとめてみました。

　読み進めていただくと，「あれも，項目に入ってくるんじゃないかなあ」と感じられることがあるでしょう。私は，全国にいる先生方ごとに，各々のチェックリストがあると考えています。所変われば，教師のスタイルも違います。このあたりは，拙著を参考にしてもらって，新たにつくってみることもいいのではないかと考えています。

　私は現在，教頭職をしています。この本を手に取られた管理職の方々，校内研修や校内通信などで，学級経営について担任の先生方にお伝えするときの参考資料にしてもらえると嬉しいです。見開き１ページを１項目にしていますので，参考にお使いください。
　また私は，全国から，「学級がうまく機能しない状況」をなくしたいと考えています。この３年間でのべ40校弱の小学校の校内研修や授業参観，学年研修に入らせてもらいました。「私にできることをしたい！」と常に考えています。そのお力の一部に，本書を加えていただけると幸いです。

　2021年６月

関田聖和

CONTENTS

第 **2** 章
学級経営ヒヤリ・ハット 子どもの姿編

第 **3** 章 学級経営ヒヤリ・ハット 教室環境編

第4章 学級経営ヒヤリ・ハット 教師自身編

おわりに

序章

クラスの"荒れのサイン"を見逃すな！

1 「専手必笑」の学級経営を！

　さまざまな機会をいただき，たくさんの小学校へ訪問させてもらっています。校内研修で話をしたり，教室を訪問させてもらって，子どもたちの様子を見させてもらったりしています。その中で，教師という仕事は，短い期間かもしれないけれど，人間の成長に関わることができるすばらしいものだと感じます。自分自身が担任をしているときよりも，その思いは強いです。アルバイトでしか他業種とは触れ合ったことがないので比較はできないですが，教師という仕事はやりがいの多い仕事の1つだと考えています。

　仕事ですから，いわゆる就職試験に合格したその日から，仕事が一人前にできるわけではありません。一人前にできるようになるためには，努力が必要です。教師の仕事で考えるのならば，

・授業は，どのように進めるのか

・より子どもたちがわかる授業，学力のつく授業は，どうすればできるか

・40人もいる子どもたちを相手に，どうすれば居心地の良い集団になるか

など，数えればきりがないくらいの指導技術とそれにかけ合わさる経験値が必要なことは言うまでもありません。

　若い間は，苦労も多いでしょう。私もその1人です。特に私は，言われたことをすぐに形にできる，すぐに取り組むことができるタイプではなかったため，人の何倍もの練習やトレーニングをしないといけませんでした。

　ただ，これは異業種の友人も同じでした。人前で話をすることができるようにと，身銭を切ってセミナーに通い，ビジネス書を読み，知識と経験を積んでいました。業種によっては，自身の仕事の結果そのものが直接自分の給料へと反映されるので，落ち込んでしまうこともしばしばあるようです。学校の先生という職業は，確かに大変なことも多いですが，異業種と比べると必ずしもブラックだとは言い切れないのではないでしょうか。

　いくつかの学級を見させてもらっていると，次のようなことに気づきます。

・友だちや先生の反応を見る子ども
・こっそり授業と関係ないことをして，私と目が合ってびっくりする子ども
・わかっていないのに言い出せず，黙って座っているだけの子ども
・座っているけども，ずっと話をしていたり，体が動いていたりする子ども
こちらも，数えればきりがないです。

　子どもたちの様々な行動に対して，私は，「専手必笑」の手立てをしたいと考えています。

　「専手必笑」とは，「教師の専門性を活かし，笑顔で育てる教育を目指して取り組むこと」です。専門性のある手立て，子どもたちを笑顔にしたい。そのためには，教師も必ず笑顔で行う。これは，関田の造語です。

2 子どもの言動には，理由がある！

　子どもが取る行動に対して，一喜一憂してしまうことがあります。でも，ちょっと待った！なのです。

　普段はできていても，ある場面になると，できない子どもがいます。例えば自習課題。真面目に取り組む子どもと，さぼってしまう子ども。どちらにも，理由があるのです。

　真面目に取り組む子どもの場合は，
・自習課題に取り組んでいなくて，叱られた経験がある
・自習課題に真面目に取り組んで，良い事があった

　真面目に取り組まなかった子どもの場合は，
・自習課題をしなかったのに，休み時間になり，しなくてもよくなった
・自習課題をしなかったため，先生が叱ったことで，先生と関わりがもてた
これらは，子ども自身の経験から行動を起こしています。

　子どもたちが，指示した通りに動かないときにも，必ず理由があります。
たとえば，

・聞こえていない

・わからないからできない

・指示されたことよりも，したいことがある

・教師の指示がわかりにくい，長い

・子どもたちの不注意により１つのことに集中できない

・子どもの発達年齢と能力との差がある

などです。取り組んでいないと，ついつい叱責してしまいがちです。そのようなとき，ふと，どうしてかなと考えてみることをお勧めします。そうすることで，指示を聞かなかったことへのいら立ちが小さくなります。ご存知の方は，気づいたかもしれません。アンガーマネージメントです。

　叱責するのではない指導を考えたいものです。子どもの行動１つだけを取りあげて，あの子どもは，こうだ！と決めてしまうのは，ラベリングです。最低でも，１週間は子どもの行動を観察したいものです。

3 学級経営におけるヒヤリ・ハットとは

　「ハインリッヒの法則」って，ご存知でしょうか。

　アメリカのハインリッヒ氏が，労働時における災害について，発生確率を調査したもののことを「ハインリッヒの法則」と言います。これは，民間企業や医療関係で取り入れられています。

　　１件の大きい事故の背景には，29件の軽傷事故，

　　300件の傷害にまではいかない，ニアミスがある

と言われているため，「１：29：300の法則」と呼ぶ人もいます。

　さらにその背景には，数千，数万の危険行為が潜んでいる可能性もあり，事故の背景には，必ず多くの前触れがあると言われています。

　これら一つひとつの事案が「ヒヤリ・ハット」と呼ばれています。他校で起こった出来事を教訓にして，それぞれの学校が対策に乗り出すこともあるでしょう。これも「ヒヤリ・ハット」の１つと言えるかもしれません。

　学級経営においても，同様のことが言えるのではないでしょうか。

　元厚生労働省に勤められていた産業医の方が，このようなコメントをされていました。

「ヒヤリ・ハットが集約されてまとまり，共有されている病院はいい病院だ。この件数が多ければ多いほど，悪い病院ではなく，丁寧に対応しているということ。それは良い病院の証なのだ」

　みなさんの学級には，今まで「ヒヤリ・ハット」は，ありましたか？「全くもって，何もなし！」という学級の先生も，もしかしたらいるかもしれませんが，おそらく多くの方に経験があるのではないでしょうか。

　学級経営において，１日を振り返ってみると，

・今日のひでくんのけがは，一歩間違えれば，救急車を呼ばないといけない事態だった

・今日，聖奈さんが泣いていたのは，誰かに嫌なことを言われたって，言ってたなあ

と，振り返れるようなことはありませんか。私は，それらが学級経営における「ヒヤリ・ハット」だと考えています。毎日でなくてもいいかもしれません。少し書き出してみることをお勧めします。

　私の学級経営の柱のひとつ，特別支援教育の視点は，外せません。文部科学省も，「特別支援教育は，いじめと不登校の未然防止」と言っていますが，まさにその通りです。子どもたちが不適切な行動を起こさなくても済む，予防的な学習・生活環境をつくっていきたいものです。そうして「専手必笑」の文字通り，子どもたちを笑顔に変えていきたいと考えています。

4 荒れを防ぐための，「ヒヤリ・ハット　マンダラチャート」

　みなさんは「マンダラチャート」を知っているでしょうか。

　MLB のロサンゼルス・エンゼルス所属の大谷翔平選手が，高校時代に目標を明確に定め，一覧にしていた図が有名です。それをマンダラチャートと

呼び，各界で様々な使われ方をしています。

これを学級づくりの
視点とコラボレーショ
ンしました。「専手必
笑！学級づくり　ヒヤ
リ・ハットマンダラチ
ャート」として，ツー
ルにしてみました。使
い方を紹介します。ダ

ウンロードは，右の二次元バーコードよりしていただけます。

【使い方】

１．ヒヤリ・ハット事案を入力する

まず，真ん中の「専手必笑」の周囲の８ますに，学級内での「ヒヤリ・ハット」を入力します。

・あのときのけんかがこじれていたら，たいへんなことになってたなあ
・あの授業は，みんなが騒ぎ出したんだよなあ

など，ぎりぎりセーフの事案や半ば対応中も含めて，挙げていきます。

なぜ８件なのかには，特に深い理由はありません。８ますも埋められない！という人は，その数でよいでしょう。８件以上ある！という先生は，厳選８件にしてもらえるとよいです。もちろん，２枚３枚と使っていただいてもかまいませんが，収拾がつかなくなるかもしれません。入力しているうちに気づくかと思いますが，上や下のセルに，入力した事案がさらに周囲のセルに反映されます。

２．いつ，どこで，何をしようとして，どのようになり，どうなったのか

次に，それぞれの事案についてです。

①いつ　　②どこで　　③何をどうしようとして

　④どのようになり　　　⑤どうなったのか
をもともと入っていた文字を消して入力します。そ
して，上段には，

・それが起こったきっかけ
・どうすればよかったのか
などの手立てを考えて入力します。できるだけ短い
言葉で入力します。
　①いつ　のセルには，
・１時間目国語　・休み時間　・放課後
などと入力するといいでしょう。もしかすると，きっかけになっていること
があるからです。

3．一覧を俯瞰する

　入力が終わると，右側に一覧がつくられます。
　そして，入力終了！はい，おしまい！ではなくて，これらを俯瞰するよう
に見取っていきます。
　たとえば，
・手立ての種類が少ない
・子ども，場所，時間などが偏っている
・手立てがそもそも……思い浮かばないから入力できていない
など，見えてくることがあるはずです。校内委員会でも使うことができます。
もちろん管理職の先生でも，学校運営で使えます。具体的な子どもへの手立
てに困った場合は，下記の書籍もぜひ，ご覧下さい！

・『新学期から取り組もう！専手必笑　気になる子への60の手立て』（喜楽研）
・『専手必笑！　インクルーシブ教育の基礎・基本と学級づくり・授業づくり』（黎
　明書房）

第 1 章

崩壊確定の
ヒヤリ・ハット
超基本編

超基本編 チェックリスト

☐ 教室内のごみは放置し，落し物も拾わずにいる

☐ 子どもや教室，学校のことに無関心でいる

☐ 授業時間中のトイレや保健室は自由に行かせている

☐ チャイムが鳴っても授業を始めず，チャイムが鳴っても
　 授業を終わらない

☐ 子どもが言うことを聞かないときは，大声で怒鳴っている

☐ 子どもに言ったことをころころと変えている

☐ 子どもにとって理不尽な対応をしている

☐ 子どもの能力を伸ばすことを第一に考えていない

☐ できる子とできない子の対応に差がある

☐ 子どもたちの前で，ローテンションで過ごしている

ヒヤリ・ハット
1

教室内のごみは放置し，落し物も拾わずにいる

ヒヤリ・ハットの状況

　教室内にごみが落ちていても，拾わずに放っておくのです。しばらくすると，ごみが落ちていることが普通になっていきます。そう，かの有名なブロークンウィンドウ理論です。次第に，クラスは荒れていくでしょう。

　また，物が壊れても修繕しないで放置しておきましょう。すると，自然に，他の場所も壊れていきます。不思議ですが，本当です。試してみますか（笑）

美しい状態, 整理整頓されている状態を教師が維持する

対策 1 教師自身が率先してごみを拾う

　自分自身が率先して正しい姿を見せることで, 自然に子どもたちも真似をしてごみを拾ったり, 掃除を始めたりするようになります。またその都度,「ありがとう, 助かるわあ」と感謝の気持ちを伝えるようにします。

　時間がかかることもあります。しかし, 美しいことが常態化すれば, そのことに子どもたちが慣れてくるので, 少しずつ協働してくれます。

対策 2 掃除をしている姿や美しい教室の状態をプラス評価する

　掃除を頑張っている子どもや, ていねいに拭き取られた机などの実際の写真を用意し, クラス内で「素晴らしい」ことだと伝え共有します。

　それらの行為を良い行いとして価値付けし, 写真ごと掲示する「美点凝視」といった菊池省三先生の御実践もあります。私も取り組んでいました。

Point プラスの評価, いいことをシャワーのように浴びせよう

　ほめことばのシャワーという菊池省三先生の御実践があります。それと同じように, 子どもたちが頑張っていることや, 子どもたちの良い行いをシャワーのようにどんどん紹介します。私は朝, 黒板に前日の良かったことを書いて, 朝の会で共有していました。

超基本編

子どもの姿編

教室環境編

教師自身編

子どもや教室，学校のことに
無関心でいる

ヒヤリ・ハットの状況

　子どもが髪を切ったとか，新しい服，靴を見せられても，「ふうん」と一言。反応をしない先生がいます。教室移動の際，子どもたちの机上が雑然としていても，椅子が出しっぱなしであっても，無関心でいます。

　子どもの忘れ物も，無関心。忘れる子どもが悪いのです。知りません。また，椅子が直せないほどの物を机の横にかけていても放っておきます。机を動かすなんて，重たくてできません。姿勢を良くしようと思ったって，荷物が邪魔で足が真っ直ぐ入りませんから。私語が増えてきた？放っておきましょう。授業を聞かない子どもが悪いのです。　…というように無関心でいると，当たり前ですが日に日に，学級は崩壊していきます。

子どもの変化を見逃さないように心がける

対策 1　愛の反対は無関心

　愛の反対は，無関心と言われます。子どもは誰もが愛されたい気持ちをもっています。子どもに温かい声かけをしたいものです。プラスの言葉がけが増えれば増えるほど，学級も落ち着いてきます。

対策 2　他学級，他学年のいいことにも関心をもつ

　自分のクラスでもそうなるといいなあという気持ちを口に出すわけではありませんが，

　「となりの4組は，ごんぎつねを劇にして見せ合うんだって」

　「6年生が，道で倒れていたおばあさんを救急車を呼んで助けたらしいよ」

など，良い行いは，関心をもって子どもたちに伝えます。子どもとの関係が良好だと，自分のクラスの子どもたちもプラスの方向へ動きます。

> **Point**　高学年の場合は，友だち関係も考慮して取り組む
>
> 　中には，「せいなちゃんが髪を切ったことには気づいたのに，私には気づいてくれない」「ひでくんが，新しい靴になったことに気づいてるのに……ぼくも，新しい服を着てきたのになあ」なんてこともあります。休み時間，子どもの輪に入ることを意図的にかつ，さりげなく行いましょう。

授業時間中のトイレや保健室は自由に行かせている

 ヒヤリ・ハットの状況

　授業時間に，「先生，トイレ！」と子どもに言われて，「先生は，トイレじゃない！」なんていう楽しいやりとりは，よくある話でしょう。ただ，それすらもなくなってしまえばどうでしょうか。

　子どもたちに，断りもなく自由にトイレに行かせ，保健室にも勝手にどんどん行かせてしまえば，いつの間にか，教室に子どもたちが帰ってきません。学級崩壊への道，まっしぐらです。

ルールを明文化する

超基本編

子どもの姿編

教室環境編

教師自身編

対策 1　暗黙のルールをやめ, 必ず共有する

　クラス内でのルールやこれまで取り組んできた暗黙のルールは, 転入生をはじめ, 思わぬところでトラブルの火種になる場合があります。

　クラス内のルールは, 共有のために明文化しておき, 教室内に必ず掲示しておく必要があります。明確に示すことで, 自ずと意識してくれる子どもが増えることを期待します。

対策 2　学校, 学年全体で共有する

　以前, ルールの確認は学校全体で行うというところに勤務したことがありました。入学したての1年生も含めた全学年で, 持ち物や運動場での遊び方, 保健室の行き方, 授業中のトイレなどを先生方で手分けして話すのです。この学校では, 子どもたちの理解が非常に早く, 前年度までのもやもやが解消しました。

> **Point** 先生VS子どもではなく, お互いWin−Winに
>
> 　無茶で強引なルールでない限り, 子どもたちは守ろうとします。学校の都合で伝えなくてはいけないルールであっても, 子どもに寄り添う形で話すことで, うまく伝わることがあります。ルールが守れなかったときは, あまり強い形で, 白黒はっきりさせるのではなく, その子どもの状態や特性を鑑みて, 個別指導すると良いでしょう。

ヒヤリ・ハット
4

チャイムが鳴っても授業を始めず, チャイムが鳴っても授業を終わらない

 ヒヤリ・ハットの状況

授業が延び, チャイムなんて無視。

「チャイムってあったの？　先生自身が時計だ！」と, 時刻を守らず, 過ごしてみましょう。時には, 授業や給食時間も早めに終わらせて, 「遊びに行ってこい！」なんて言っていたら, 人気者になれるのかもしれません。まあ教室へ, いつ帰ってくるか, わからないですけどね（笑）

合言葉は「ルールを守ると，ルールが守ってくれる」

対策 1　時刻を守ると得をすることを体感させる

チャイムの合図を守れたときは，先生のおもしろい話が聴ける，ちょっとした雑学を先生が教えてくれる，など，ポジティブな印象を与えることが重要です。

「時間を守ることはお得だ」と子どもたちが感じられるといいですね。そこで，授業開始直後の数分間は，これらを見通して授業展開を仕組むことが必要です。

対策 2　隙間の時間にできることをあらかじめ準備しておく

もし時間が余ってしまった場合に備えて，間違い探しやクロスワードでも何でも良いので，コピーした資料を使って，「隙間の時間に取り組んでいいよ」と約束しておきます。そうすると変なざわつきもなく，1日を落ち着いて過ごすことができるでしょう。

> **Point　準備に「し過ぎ」はありません**
>
> 空白の時間を生み出さないために，さまざまな手立てをしておきます。準備の「し過ぎ」ということはないでしょう。学習プリントを印刷するならば，国語，算数も大切ですが，中学年以上ならば，理科，社会などの教科のプリント集を用意することも一考です。

超基本編

子どもの姿編

教室環境編

教師自身編

子どもが言うことを聞かないときは，
大声で怒鳴っている

 ヒヤリ・ハットの状況

　これが一番，崩壊へ直結するかもしれません。

　また，時には，崩壊発生までに月日をかけ，次年度に大爆発！となることもあります。

　先生の言うことを聞かない子どもが悪い！先生は，絶対である！

　こんな考えは，その年だけでなく，他の先生にも迷惑をかけてしまう悪手ですね。

怒鳴ることが生む弊害を知っておく

対策 1　してしまった行為だけを落ち着いて叱る

　昨今，大人に怒鳴られるという経験は少なくなってきているようです。だから叱られ慣れをしていない子どもも少なくありません。そのため，怒鳴っている教師を見て，大人しい子どもの心が傷付いたり，たとえその場を見ていなくても，「うちの担任，キレたらめっちゃ怖い」という声を聞くだけで，学校に行くのを嫌がったりする子どもがいることを理解する必要があります。

　してしまった行為だけを，落ち着いて叱るように心掛けましょう。

対策 2　その場が収まればいいのではないことを知る

　残念ですが，怒鳴るような先生が異動すると，一気に悪さをし出す子どもがいます。要するに，怖さだけで不適切な行動を制御することは，根本的な解決になっていないのです。

　「怒鳴らなくて済む学校現場なんてない」との考えもありますが，その怖い先生がいなくなった後に崩れた学校を私はいくつも知っています。

> ### Point　子どもの言動には必ず理由がある
>
> 　怒鳴られるような言動を取った子どもには，必ず理由があります。その理由や背景にあるものを捉えながら指導することが必要です。そのような子どもも，落ち着いて過ごしている姿を見せる時があります。その姿をほめつつ，授業や学校での楽しいことを共有して少しずつ不適切行動を減らしたいですね。

子どもに言ったことを ころころと変えている

「授業中は，静かにしろと言っただろう！」と，怒鳴っておいて，「今は，意見を言うときだろう。どうして，隣と相談しないんだ！」と，しゃべるなと言ったり，しゃべれと言ったり……。

「次の時間は，国語をするって言ったけど，算数にする！」

「先生，さっき図書室に行って，国語辞典借りてきたのに……」

「今すぐ，返してこい！」なんてやりとりは，絶対に NG。

次の時間に，

「やっぱり国語辞典使うから，取りに行ってこい！」と指示してしまえば，一気に不信感を買い，信頼が崩れていくでしょう。

頭ごなしに指示せず，理由を伝える

対策 1　力で子どもをねじ伏せず，理由を伝える

左のページのように，頭ごなしに言い，力で子どもをねじ伏せるようなことは絶対にしてはいけません。このような教師の態度は，前項でも述べた通り，次年度以降の学級経営にも響いてしまいます。理由を伝えて，子どもが納得して行動できるような指示を心掛けましょう。

対策 2　言ったことを忘れないように明示しておく

慌ただしい時期になると，そのようなことを言ったかなと，つい忘れてしまうことも少なくないのかもしれません。

もしそのようなことを経験されている先生がいらっしゃったら，紙に書いて黒板に貼っておく等の対応をとり，忘れないようにすることも必要になります。子どもに伝わりやすいだけでなく，自分の言葉に責任をもつことにつながります。

Point　自分の発言に責任をもつ

「教師の言ったことは，絶対だ」と思っている子どもも少なくありません。言うことをころころと変えて，理由なく行動させるような指示を繰り返していると，「自分で考えて行動する子ども」など育つはずがありません。言葉には責任をもちたいところです。教師自身が１日の生活や活動の見通しをもつことも大切ですね。

ヒヤリ・ハット
7

子どもにとって
理不尽な対応をしている

ヒヤリ・ハットの状況

例えば，「どうして習字道具を持ってこないんだ！」
「先生，持ってきなさいって，連絡帳に書いてくれなかったよ」
「何を言ってるんだ。国語と書いてあるから，持ってきているのが当然だろう！」など，大人同士なら，理不尽だなあと思うことは，絶対NGです。
「先生，持ってきなさいって，言ってなかったよ」と言われて，「嘘をつくな！先生は，確かに言ったぞ」と，誤魔化してしまっていたら，少しずつ子どもたちの怒りがたまり，数週間も続けば，あっという間に先生の言葉を聞く子どもがいなくなるでしょう。

一度言ったことは，難しくても変更せずに予定通り行う

対策 1　計画を入念にする

　学校や学年の行事については，よくわかるところに掲示したり，自分の携帯のスケジュールに打ち込んでおいたりすると良いでしょう。そうすれば時間割の変更は少なくてすみます。

　持ち物については，曜日で固定したり，学年，学級だよりで伝えたり，忘れないうちに学校一斉メールやアプリの予約配信機能を使って，セットしておくようにしましょう。

対策 2　どうしてものときは，子どもの納得解を得る

　とはいえ，どうしても一度指示したことを変えなくてはいけないことがあることでしょう。その場合は，子どもたちとのやりとりの中で，納得解を得ることが必要です。できる範囲での妥協案も提示しつつ，双方合意の上で進めることが大切です。

Point **子どもも1人の人格者であることを意識する**

　小さい子どもであっても，1人の人格者であると考えましょう。教師側がお願いしようとする事柄については，決してへりくだるのではありませんが，楽しみにしていた気持ちや，急な変更に対する弱さをもっていることなどを汲み取って，誠実に対応したいものです。

子どもの能力を伸ばすことを
第一に考えていない

ヒヤリ・ハットの状況

　子どものテストの点数が悪いのは，子どもたち自身が勉強しないから悪い，子どものせいにする，なんて人はいないことを願いますが…　もしかしたら心のどこかで「授業を聞いてない子どもが悪い」と思ってしまっているかもしれません。

　子どものせいにして，授業の質的向上を怠るなんて絶対にいけません。

子どものつまずきから原因を探る

超基本編

子どもの姿編

対策 1　学習に困っている子どもは, 教師力アップのチャンスと捉える

子どもがどうしてできないのか, どこでつまずいているのかを探り, 教えていくことで, 次はそれらの事項を盛り込んだ授業展開を仕組むことができます。この積み重ねが, 教材研究や授業準備を豊かにしていくことにつながります。

特に若いうちは, 時間がかかって大変ですが, この経験が積み重なると授業力アップにもつながり, 40, 50代を楽しく過ごせることでしょう。

教室環境編

対策 2　ワークシートとノート指導のバランスを考える

教科によっては, ワークシートで効率よく授業を進めた方が, 進度に遅れを感じさせることもなく進められるかもしれません。一方でノート指導も大切です。ノートのつくり方は, 教師によって様々かもしれませんが（統一する必要はないと考えています）, ワークシートとのバランスを考えながら, ノート指導を進めるように心がけましょう。

教師自身編

Point 学力を定着させるために, 落ち着いた授業をする

学力を定着させるためには, 落ち着いた授業が必須条件だと考えています。また学習の構えをつくるには, 発達段階によるからだづくりも必要です。こちらは別の機会にまとめたいです。

ヒヤリ・ハット
9

できる子とできない子の対応に
差がある

 ヒヤリ・ハットの状況

　「差別じゃない，区別です。できる子は，頑張っている子で，できない子は，頑張っていない子なんです。しっかりと区別してあげて，できた子どもには，ご褒美をあげましょう。できなかった子には，罰を与えましょう。またクラス全体の場で，できない子どもには，どんどんと叱りましょう」

　こんなことを考えていたら，子どもたちが，どんどん自信を失って，先生のもとから離れて行ってしまいます。

子どもの個性は一人ひとり違う

対策 1　子ども一人ひとりの良さを見つける

　算数が得意，漢字が得意，卓球が得意，絵を描くことが得意など，子どもたちの個性は様々です。子どもの良さを認めつつ，その頑張りも応援しながら，得意なこともどんどん伸ばしていきたいです。「先生よりもすごいね！」と共感する声かけをしたいですね。

対策 2　「みんな違ってみんないい」を伝える

　子どもたちには伸びしろの話をよくしました。テストを例に，100点満点中90点と30点ならば，伸びしろは30点の人の方がたくさんある。諦めないで取り組むことで，これからどんどん伸びていく可能性があるんだよと。一人ひとりの違いや良いところをクラス全体にどんどん伝えていきたいですね。

> **Point** 子どもの個性を輝かせるために，可能性を信じたい
>
> 　甘っちょろい理想論かもしれませんが，子どもの可能性をどこまでも信じたいと考えています。たとえどのような悪態をついても，それはないんじゃないのという言動を取ったとしても……。子どもが頑張ると言ったならば，どこまでも応援したい。子どもが約束すると言ったならば，その約束が実行されるように見守りたい。子どもの成長に対して，情熱がなくなったり，子どものことが信じられなくなったりしたときは，私は，教育現場から去らなくてはいけないと考えています。

超基本編

子どもの姿編

教室環境編

教師自身編

ヒヤリ・ハット 10

子どもたちの前で，ローテンションで過ごしている

ヒヤリ・ハットの状況

　自分の趣味に，好きなことにパワーを使い切り，子どもたちの前ではローテンションでいてしまう……。好きなことをすることは良いことですが，無表情，無気力，無感情で仕事をしていてはいけません。

　このような状態では，子どもたちは先生の無のパワーにどうしていいのか分からず，心が定まらなくなります。そして子どもたちも少しずつ不安定になり，心も態度も乱れていくことでしょう。

熱くなりすぎず，ただし感情は豊かにもつ

対策 1　嬉しい・楽しいと感じさせる笑顔を心がける

　私自身がつくりだした「専手必笑」という言葉のように，私は笑顔を重要視しています。笑顔は，嬉しさ，楽しさなど温かい気持ちを伝えることができます。これだけで，子どもたちは安心し，教室を居場所にすることができるでしょう。活動へのやる気も高まります。

対策 2　時には疲れている姿も見せてよい

　教師も人間です。いつも元気でいたいけれども，疲れがたまってしまうことだって当然あります。

　「ごめんね，ちょっと今日はしんどいんだよね」という姿を見せることもよいと考えています。もちろん，それ以前の信頼の問題でもありますが，教師の正直な姿を見せることで，安心が生まれ，子どもたちがちょっぴり優しくなりますよ。

Point　行き着くところ，教師の人間性は最重要

　教師力って何だろうって考えたときに，「授業力」は切っても切れない関係ですが，もう1つ私は「人間力」も大切だと考えています。そしてそれに付随する情熱。
　「教師力＝授業力×人間力×情熱」ではないかと考えています。

第2章

学級経営
ヒヤリ・ハット
子どもの姿編

子どもの姿編 チェックリスト

□ 子どもたち同士が机を離している

□ 起きなくてもよいけがが多い

□ 授業が始まって5分が経っても座席にいない子が複数いる

□ 子どもたちの物が隠されたり，なくなったりする

□ 学習活動で間違えた子どもに対して，馬鹿にしたり，
　差別したりする雰囲気がある

□ 「でも」「だって」「どうせ」の言葉を子どもたちがよく使う

□ 子どもたち同士が悪口を言ったり，ネガティブな手紙交換があったりする

□ 「きもい」「むかつく」「殺す」「死ね」などの言葉をよく使う

□ 授業中に，トイレや保健室へ複数人で行こうとする

□ 授業中の私語が多く，静かに活動する時間が5分も続かない

□ 教室や教具などを粗雑に扱っている，または，
　物を投げたり，壊したりしている

□ 授業に必要なものをわざと持ってこない，または，
　忘れ物をしても平気でいる

□ 授業中に子どもたち同士で目配せをしている

□ ガラスが頻繁に割れる

□ 何かを前向きに取り組もうと言うと，即座に反対意見が複数挙がる

□ 悪いことに対して子ども同士の注意がない

□ 教師の悪口を言っている

□ 先生の指示に対して，素直に従わなかったり，無視したりする

□ 殴り合いのけんかを先生の前でする

□ 注意をしても，聞き流したり反抗したりする

ヒヤリ・ハット
1

子どもたち同士が机を離している

ヒヤリ・ハットの状況と原因

　授業をしているときに，あれ，隣同士の机の間隔があいている。もしくは，隣同士をくっつけていない状態の座席編成をしていても，いつもより，間があいている。たまたまかなと，そのまま観察してみても，あれ，また離れている。このような状態が2，3度続けば，子ども同士の関係で何かがある発信です。慌てずそうっと机を戻しつつ，観察しましょう。大抵の場合は，力や立場の強い子どもが机を離します。その子を笑顔で呼んで，みんなには目立たない場所で，理由を聞いてみましょう。

すぐに座席のずれを修正できる手立てをしておく

対策 1　机を戻しつつ, さりげなく教室全体を見る

　教室の床に整頓用の印をつけておきます。その位置に机を戻しながら, 学級全体を見るようにします。その子どもを注視しません。いじめに発展している場合, 何人かの視線は, 動かされている子どもやその隣の子どもへ向けられるでしょう。授業で説明をするタイミングなどがいいでしょう。

対策 2　机と2人の周囲の友だち関係を確認する

　1回元に戻しただけで終わりではありません。もちろん, たまたまずれていたということもあります。ただ, 机の位置を床の印に合わせるということは, 子どもたちにとって難しいルールではありません。それを敢えて崩すというところから学級のほころびが始まっています。

　机の位置の印は, 椅子を入れる側の机の足元にそれぞれつけておきます。子ども自身が目で見て合わせやすいからです。黒板側の脚に印を付けていると, 合わせるときに机を倒してしまう可能性があります。

Point 個別に聞き, 個別に指導する

　いじめの対象となっている場合があるので, 理由を子どもたちから聞く場合は, 個別に行う方がいいです。場合によっては, 教師が行動を見せただけで, 正義感のある子どもがそうっと関係を教えてくれます。教えてもらったことは周囲の子には内緒にしながら, 原因を探りましょう。

子どもの姿編　教室環境編　教師自身編　超基本編

ヒヤリ・ハット
2

起きなくてもよいけがが多い

ヒヤリ・ハットの状況と原因

　運動場を歩いていると，突然ボールが飛んできた！などのような避けられない怪我や事故はあります。しかし，

・机の横にかけているものに引っかかって転んだ

・画鋲の頭の部分が取れ，針だけが壁に残っていたために，手を切った

・体育館で上靴を履かず，靴下の状態で鬼ごっこをして転倒し，頭を打った

・休み時間になり，カッターナイフを片付ける指示と確認を教師が怠り，机の上にあったカッターナイフを手のひらで押さえてしまい切った

・じゃんけんの勝負にこだわりのある子どもに，じゃんけんで役割を決める方法を行い，その子どもが負けたため，いらいらして友だちをひっかいた

など，少しの手立てや注意で防げた怪我はさせたくないものです。

年度当初から教室環境の確認と子どもの実態把握をしておく

対策 1 教室や子どもの導線における安全確認を常に行う

毎月1度安全点検として，教室並びに校舎内の危険箇所を把握することは必須です。忙しさに負けず丁寧にしておきましょう。1つの事故が起こってしまうと，万ほど取り組んでいる学校での様々なプラスのことがらが一瞬で崩壊してしまいます。

対策 2 子どもの実態把握を行う

年度当初に子どもについて前担任から情報をもらう機会があると思います。この時間を大切にしましょう。メモを取り，4月末，学期末に振り返って確認することをお勧めします。

場合によっては，スクールカウンセラーをはじめ，専門家の意見をもらうようにするといいでしょう。

> **Point** いつかしよう，まとめてしようではなく，今！
>
> 昨年度は何も問題なかったのに，今年度は何度も起こってしまう場合もあります。危険かも，と思ってもつい忙しさに負けてしまい，「明日点検しよう」「報告は来月でいいかな」などと後回しにしてしまうことも少なくないのではないでしょうか。でも事故が起こってからや困ってからでは，手遅れの場合があります。「専手必笑」の取組です。

超基本編

子どもの姿編

教室環境編

教師自身編

ヒヤリ・ハット
3

授業が始まって5分が経っても座席にいない子が複数いる

ヒヤリ・ハットの状況と原因

　これは，わかりやすいですね。もちろん，前時の学習に夢中になり「休み時間も活動を続けたい」という状態は別です。学習意欲が低いことや授業をしたくないなどの気持ちから，教室へ帰ってこないことが問題です。この状態は，チャイムを守らない先生のクラスでは，簡単に起こります。授業の導入の工夫が必要でしょう。

　ただ，授業の終わりに鳴ったチャイムは，教師にとっては授業の終わりですが，子どもたちには，休み時間開始の合図です。教師にとって授業始まりのチャイムは，子どもたちには，休み時間終了の合図です。これを意識するのとしないのとでは，子どもへの声かけも変わってきますよ。

授業導入の工夫を欠かさず続ける

対策 1　チャイムと同時に授業をはじめる

　当然ですが，必ずチャイムと同時に授業を始めましょう。ただし，いきなり話し始めるのではなく，ノートづくりに欠かせない日付や単元名をゆっくりと書き始めるのです。授業開始直後から活動の説明を始めるのは避けましょう。再度話す必要が出てくるからです。

対策 2　復習や学習のトレーニングなどを取り入れる

　子どもたちが全員揃うまでに，国旗のフラッシュカードを使って暗記を促したり，教師自作の百人一首のカードを子どもたちに持たせておき，覚えさせたりします。全員がそろったら終了です。これらの小さな積み重ねは，後日確認・発表する場をつくります。授業参観等で取組を見せると，チャイムの合図を守った子どもたちはいい格好をすることができます。

> **Point** 全員揃ったら終了。本時の学習に取り組む
>
> 　授業の導入の工夫のために，チャイムが鳴ったら，上記のようなことに取り組みます。全員揃ってみんなにも経験を，と考えすぎると，授業内容がどんどん遅れてしまいます。あくまでも，早く帰ってきている子どもへの空白の時間を生まない手立てです。揃ったらすぐに学習をスタートさせるのです。
>
> 　導入のネタは，こちらからどうぞ！（笑）
> 『楽しく学んで国語力アップ！「楽習」授業ネタ＆ツール』(明治図書)

子どもたちの物が隠されたり，
なくなったりする

ヒヤリ・ハットの状況と原因

　えんぴつがなくなる，消しゴムがなくなる……。もしかすると，本人の
うっかりもあるので，注意が必要です。しかし，帽子，給食袋，ノート，教
科書，体育館シューズなど，どんどん重なるとどうでしょうか。隠してしま
った子がいる場合は，その子どもの「先生，こっちを見て！」という叫び声
だと捉えましょう。なくなった事実への悲しみを感じさせたいものです。そ
して子どもたちも含めてみんなで探しましょう。

起こっていないときに指導を入れる

対策 1　他校の例として起こってほしくないことを話しておく

「ネットのニュースで見たんだけど，物がなくなってしまって悲しんでいる子がいるんだって。ショックで学校に行けないらしい。先生もこんなことがあったら，本当に悲しいよ」など，常日頃から語っておくことが大切です。子どもたちが先生を信頼していることは大前提になります。

対策 2　良かったこともしっかり伝える

自身の学級で起きた小さな良い出来事を紹介することで，悪の芽を摘んでおくことができます。個人が特定されるときは，良いことでも本人に確認をしておきましょう。また，他校や他クラスで起きた良い出来事も子どもたちに伝えて共有します。すると温かい感情を生み出すことがあります。

「みんなも負けずに，いいクラスをつくろうな」と語るのです。

Point　子どもは，教師の反応を見ていることを意識する

良くないことが起きたとき，子どもたちは，教師の動きをよく観察しています。ヒステリックに怒るのは愚です。また，しつこくこだわりすぎることもよくありません。もちろん冷淡すぎる対応も NG です。難しいですが，教師の反応がご褒美となってしまうことがあるからです。

辛い気持ちをした子どもに寄り添いながら，行為を叱っていることを全体へ伝えます。

超基本編

子どもの姿編

教室環境編

教師自身編

ヒヤリ・ハット
5

学習活動で間違えた子どもに対して，馬鹿にしたり，差別したりする雰囲気がある

ヒヤリ・ハットの状況と原因

　学習中の間違いは，むしろ大歓迎したいです。漢字や算数などの学習では，間違いを正す中で，より学習を確かなものにします。

　「仲間が苦しんだり，悲しんだりすることで，自分が楽しくなったり，愉快になることは，ダメだ」と日ごろから話しておきます。

　「他人の不幸の上に，自己の幸福を築かない」です。

　「差別は絶対許さない！」という強いメッセージと行動を子どもたちに常に伝える必要があります。

超基本編

子どもの姿編

 間違いは誰にでもあるということを学習で仕組む

対策 1　答えのない問いを考える学習を取り入れる

　答えのない問いやオープンエンドの学習を取り入れて，様々な考えをクラスの子どもたちと共有する学習を取り入れます。これらの学習には，ピントが外れた考え方以外は，間違いというものはありません。高学年や中学生であれば，ブレーンストーミングの考え方を伝えて，「それもいいね」と返すことができるような学習集団を育てられるといいですね。

対策 2　間違えた瞬間に，「ナイス間違い！」とほめる

　間違いがあることで，学習が広がっていくことが多いです。また，その間違え方を同じようにしてしまっている仲間に，教えることにもなります。直接語りかけていなくても，それは，教え合ったことになるのです。このような出来事があれば，学級開き後の早い段階で取り上げるといいでしょう。間違えを恐れない子どもたち，学級集団に育ちます。

教室環境編

教師自身編

Point　学ぶために学校へ来ていることを伝える

　間違ったら正しく直せばいいのです。そのために，学校で学んでいます。大人になって社会に出たときに活躍できるように，学校に通って今，学んでいるということを子どもたちへ語りましょう。

ヒヤリ・ハット
6

「でも」「だって」「どうせ」の言葉を子どもたちがよく使う

ヒヤリ・ハットの状況と原因

ビジネス書にも出てくる「D語」と呼ばれるものです。

「でも（DEMO）」「だって（DATTE）」「どうせ（DOUSE）」「できない（DEKINAI）」など，頭文字がみんな「D」です。自尊感情や自己有用感，自己肯定感が低い子どもたちが，よく使う言葉でもあります。

これと似た言葉で，「無理」，「わからない」もそうかもしれません。課題を出した途端に，この言葉を発してしまう子どももいます。そうなるように，脳にスイッチが入るという方もいます。それを防ぐための魔法の言葉は，「まだ」です。「まだできない」というと，そのうちにできるようになるから不思議です。

前向きな言葉を使い，マイナス雰囲気をなくす

対策 1　Y語を意識して使う

菊池省三先生がよく言われる「ようし(YOHSHI)」「やるぞ(YARUZO)」「喜んで（YOROKONDE）」など，頭文字がYの言葉を意識して使います。意識して前向きなフレーズを発信することで，教師自身も含め，周囲も次第に明るくなってきます。

対策 2　いったん気持ちを受け入れて問う・言い換える

「そうかあ。できないんだね。じゃ，どうやったらできるのかな」と声をかけます。できないと感じてしまっている脳を，教師からの問いかけでリセットするのです。もしくは，魔法の言葉「まだ」をつけて子ども自身に言い換えさせることも有効です。「まだできない」と，まだをつけるだけで，脳もできないスイッチを入れないそうです。

> **Point** 教室をダークサイドに堕とさず，ライトサイドへ
>
> 教室を負のオーラが漂うダークサイドにしてはいけません。教師自身の笑顔と子どもたちの笑いや前向きな言葉を誘って，ライトサイドにすることを心掛けましょう。いつの間にか，フォース（スターウォーズ）が使えるようになるかもしれません（笑）

超基本編

子どもの姿編

教室環境編

教師自身編

ヒヤリ・ハット
7

子どもたち同士が悪口を言ったり, ネガティブな手紙交換があったりする

 ## ヒヤリ・ハットの状況と原因

　子どもは母親から言葉を学習します。

　未就学時に母親から荒い言葉を聴いて育った子どもは, 残念ながら荒い言葉を使ってしまうようになるそうです。悪口は, 言うほうも言われたほうも傷ついてしまうものですので, なんとしてでも防ぎたいです。放っておくと, それ以外の言葉も自然に荒くなってしまいます。子どもの周囲の言語環境が課題になります。

言葉のもつ力について考える

対策 1　言って良い言葉とそうでない言葉について確認する

　言われて心地よい言葉として，「ふわふわ言葉」や「ぽかぽか言葉」などと呼ばれる言葉，言われて嫌な感じがする「ちくちく言葉」や「ぐさぐさ言葉」と呼ばれる言葉を確認します。よく取り組まれている実践ですのでご存知の方も多いでしょう。それぞれを子どもたちと出し合って確認し，心地よい言葉を教室内に掲示します。

対策 2　心地よい言葉を教室にあふれさせる

　まずは，先生自身の言葉遣いを正します。そして，家庭にも子どもたちの周囲の言語環境を良くしたいと協力を依頼します。心地よい言葉を一覧にして掲示したり，正しい言葉遣いで話せている子どもがいたら積極的に称賛することも良いでしょう。

> **Point　言ってしまっても，正せるのが学校**
>
> 　暴言も可能な限り，「そういうときは，『そんなことをしないで』と言うんだよ。言ってごらん」と，笑顔で返します。間違ったら正しく直せばいいのです。悪口は，言われたほうはもちろんですが，言ってしまった子どもの心もケアをする必要があります。このような状況になる前に，きれいな言葉を使うことの素晴らしさを感じさせたいですね。

「きもい」「むかつく」「殺す」「死ね」などの言葉を子どもたちがよく使う

ヒヤリ・ハットの状況と原因

　これらの言葉は，言われた側の存在そのものを否定するものです。即座に言い直させるべき言葉です。

　これらの言葉を，「先生，聞いて」「いっしょに，遊ぼう」などと変換してあげないといけない子どももいますが，それとは別に，これらの言葉が教室に広がってしまっているようなら，学級崩壊していると言える状態です。

頭ごなしに怒らず，短く太く叱り，適切な言葉を提示する

対策 1　一呼吸置いて笑顔で言葉を伝える

　子どもの暴言に対して，教師が間髪を入れず怒鳴ってしまっては，後手を踏む場合があります。教師の言葉を逆手にとって，「先生も言ったらアカン言葉を使うやん！」となってしまうと複雑になっていきます。一呼吸置いて，笑顔で「今のは，いやだよって，言うよ。言ってごらん」と声をかけます。できたらほめます。これだけで，場が和むことがあります。

対策 2　いらいらしたときには，どうするのかを約束しておく

　すぐにいらいらしてしまう子どもがいます。友だちとトラブルを起こすことは本人も嫌なのです。いらいらしたときは，「先生に言って保健室に行ってきても良いよ」と安心を与えてあげます。管理職や全教職員と共通理解を図っていくことも大切です。

Point　長い時間かかっての指導を覚悟する

　言葉遣いが荒くなること，暴言を言うことは，ある日突然起こるのではありません。遡ると生まれてすぐからの長い時間かかって，子どもの中で熟成されるのです。そしていらいらやストレスから，家と学校，公私の区別が付かず，学校でも使うようになってしまうのでしょう。時には，子どもに言われていらっとしてしまうかもしれませんが，言葉のリフレーミング（言い換え）をして，教師自身のアンガーマネジメントをしましょう。

超基本編

子どもの姿編

教室環境編

教師自身編

ヒヤリ・ハット

9

授業中に，トイレや保健室へ
複数人で行こうとする

 ヒヤリ・ハットの状況と原因

　先述した３（p.44）とは，微妙に違います。休み時間から帰ってこないのではなく教室にいるのに，出て行こうとするのです。これは，一種の反抗的な行動であったり，その場から逃れたい逃避行動であったりするかもしれません。トイレを我慢させることは体罰にもつながるので，配慮しつつの対応が必要です。

具体的なルールを決め, 明示しておく

対策 1 ルールは具体的に決める

　例えば「授業中に関係のないことはしない」というルールを決めた場合,何が関係のないことなのか, しないのであれば何をすればいいのかが明記されていないので, 守ることが難しくなります。学年が低ければ低いほど, 難しいルールになってしまいます。文末は, 肯定文で終わり, 具体的な行動を明示しましょう。

対策 2 起こる前に約束しておく

　このようなケースが発生する前に, 子どもと教師の間で約束を取り交わしておきます。クラスの実態によっては「トイレに行くときは, 先生に言う。その後その子が帰ってきてから, 2人目が行くことができます」というところまで決めておかないといけないことがあります。

Point **ルールは, 子どもも教師も守れるものにする**

　ルールを提示しても, 教師自身が徹底できないと崩れていきます。そうしないと, 「先生, 言ってたことが変わってるやん」と信頼も崩れます。また, ルールをどんどん厳しくしていく教師がいます。これは, 子どもたちにとって必要に迫られたものならばいいですが, 教師自身の都合であれば, やめた方が良いです。

超基本編

子どもの姿編

教室環境編

教師自身編

ヒヤリ・ハット
10

授業中の私語が多く，静かに活動する時間が5分も続かない

ヒヤリ・ハットの状況と原因

　私語が多いのは，活動や思考の時間に隙があるからで，いわゆる空白の時間というものです。この時間が増えると，私語だけでなく，立ち歩き，エスケイプと発展していくかもしれません。私語をするきっかけは，空白の時間だけではありません。教師の何気ない言葉を捉えて起こるかもしれません。子どものつぶやきを拾うときも，何でも拾っていいわけではないのです。今この学習に合っているのかを考えて拾いましょう。

適切に取り組んでいる時を大切にし, 価値付ける

対策 1　当たり前をほめる

静かに学習をしている場面を見つけて, ことあるごとに「今のこの雰囲気が良いね。学習したことがどんどん頭に入っていくよ。このような時間を増やそうね」と価値付けをすることが大切です。教師の価値づけが子どもの姿勢を育てます。

対策 2　取り組みやすい学習活動を設定する

空白の時間が生まれないように学習活動を仕組みます。音読する, ノートに書く, 話し合うなどを上手く組み合わせましょう。ワークシートの配付も子どもたちが座ったままで行うことが多いですが, 子どもたちに歩いて取りに来させるように仕組むと, 気分転換もできて活動に取り組みやすくなります。動と静の双方を取り入れることがカギです。

Point 空白の時間や隙間の時間を意識する

子どもは, 教師の指示通りに動いて当たり前。わからないなら座って「ううん」と考えることが普通。だなんて, 思わないことです。私は, 空白の時間を生まないようにと, 4秒間を意識していました。これは, 私の感覚ですが, 何もしない時間が4秒間を超えると, 子どもたちは別の動きを始めてしまいます。

子どもの姿

ヒヤリ・ハット
11

教室や教具などを粗雑に扱っている, または, 物を投げたり, 壊したりしている

ヒヤリ・ハットの状況と原因

　物を大切に扱えない不器用さのことではありません。

　ここでは, 粗雑に扱う姿を教師に見せて, どのような反応があるのかを試している行動を指します。これは, いい意味で捉えると, 「先生, 話を聞いてくれ」のサインでもあります。もちろん, 行為に対して次が起こらないように叱ることも大切ですが, 子どもの行動の理由・背景にまで思いをめぐらせてあげましょう。

子どもを包み込むつもりで接する

対策 1　「見ているよ」という姿を子どもに見せ続ける

　こういった場合，物にあたってしまう姿を見せることで，教師の気をひこうとしていることが多いです。そうなる前に，教師側から子どもの気をひくことができるように，「見ているよ」というポジティブメッセージを伝えておくといいでしょう。日記や教科のノートのコメントで伝えることも良いです。神戸女子大学の教授吉本均先生は，教師の「まなざし」の大切さを伝えています。担任教師の優しい笑顔のまなざしを浴びせてあげたいですね。

対策 2　子ども自身を大切にする

　物にあたってしまう行動を見て，「ひでくん，少しいらいらしているなあ」と受け取ってくれる子どもばかりではありません。その行動を見て怖いと感じる子どももいます。結果的には，物にあたってしまう子どもを避けるような雰囲気ができることもあります。辛かったねと共感し，その子自身を大切にしているよと伝わる声かけを日頃からしたいものです。

Point　問題行動を取る前に，遠くから，近くから関わっていく

　何かしようとしたとき，当たり前だと言われるようなことに取り組んでいたときでも，プラスの言葉をみんなの前で伝えましょう。その子どものみをほめるのではなく，集団でほめましょう。他の子どもの名前と一緒にその子どもの名前も含めてほめるようにしたいものです。

超基本編

子どもの姿編

教室環境編

教師自身編

子どもの姿

ヒヤリ・ハット
12

授業に必要なものをわざと持ってこない，または，忘れ物をしても平気でいる

ヒヤリ・ハットの状況と原因

　以前はできていたのにある日から，続けて忘れてくる。

　1人だけがこのようにして，担任の反応を楽しんでいるのではないかと思いたいところですが，実態は複数の子どもが関わっていることもあります。グループで示し合わせてしているのです。何かしらの担任教師への不満があることが考えられます。

誤学習させずに, 学習道具を使う

対策 1 持ってきたら少しでも使う時間をとる

時折, 道具を持ってこさせたけれども, 忘れた子が多くて使わないなんてことはないですか。急な時間割の変更なら仕方がありませんが, 例えば習字道具などを持ってこいと指示したのに使わないとなると, 習い事で使っているという子どもは, 一度持って帰って次の日にまた持ってくる, といった状況になります。こう考えると, 子どもの不満が溜まるのもうなずけます。忘れた子どもが多少いても, 用意させたものは使うようにしましょう。

対策 2 貸し出せる物は事前に用意しておく

貸し出せる物は事前に用意しておきます。そして忘れたことで活動をしないで良い状態を防ぐことが大事です。物がない → やらなくていい → 好きに遊ぶことができるなどといった誤学習は, 絶対にさせてはいけません。

Point 忘れないような工夫も忘れない

連絡帳の書き方は, 1つの持ち物に対して1行ごとに改行しその上にチェックを入れて家で確認するというものがお勧めです。これは, 必ず保護者にも伝えます。「6年間, よろしくお願いいたします」との言葉も添えて。中には, ワーキングメモリの課題があり, 忘れてしまう子どももいますので, 大事な持ち物は事前に学年だよりや学校一斉メール, アプリなどで伝える方法もあります。

子どもの姿編

超基本編

教室環境編

教師自身編

子どもの姿

ヒヤリ・ハット 13

授業中に子どもたち同士で
目配せをしている

 ヒヤリ・ハットの状況と原因

　この時点で，もう崩壊しているかもしれません。いじめも始まっているかもしれません。気づいていないふりをして，状況を詳しく探ることも大切でしょう。しかし，早く何かしらのアクションを起こさないと，行動がだんだん大胆になってきます。授業の内容よりも楽しいと感じてしまうことや，興味が引かれてしまっていることがあるのです。

学習活動の組み合わせを考える

対策 1 　45分の中でノートに書く(活動する)時間を増やす

　先述したことにもつながりますが，余計なことができる時間をなくすことです。私は，毎時間ノートを集めていました。そして休み時間に見たよという印だけ入れます。私自身は，この授業のことをノートに書いたんだね，という確認のみですが，子どもたちに取ってみれば，「ノートを見られる」ことは重要なことです。この確認がないと，ノートに書く活動も定着しません。

対策 2 　声を出す活動を入れて阻止する

　ペアトークや音読など，声を出す活動に授業で取り組むことで，このような状況が発生してしまうことを未然に防ぎましょう。もし発生してしまっている場合は，可能であるならば，「何かおもしろいことでもあるの？」と聞き出すことも良いでしょう。もちろん子どもとの距離を考えて，しない方が良い場合もあります。

> **Point** Aさせたいなら, B, C, D, E, Fの手立てをもつ
>
> 　子どもがしてしまう，授業を妨害するような行動そのものにアプローチするのではなく，そういった行動が起こらないような学習の手立てを先に行うようにします。そのためには，1つだけではなく複数の手立てをもっておくことが大事です。

超基本編

子どもの姿編

教室環境編

教師自身編

子どもの姿

ヒヤリ・ハット
14

ガラスが頻繁に割れる

ヒヤリ・ハットの状況と原因

　これは，生徒指導の研修会などでよく言われることです。もちろん，割れたガラスは，管理職にすぐ伝えて，早急に復旧することが大切です。ブロークンウィンドウ理論です。

　割れたガラスを放っておく人はいないと思いますが，発生してしまった状況に何も対策をしないと，ガラスに限らず様々な場所が破壊されていきます。その結果，子どもたちの心も荒んでいきます……。

「～かもしれない」で考える

対策 1　ガラスの用途や, 周囲に置くものをよく検討する

　子どもの絵を飾る額などは, プラスチックに変わってきているところが多いでしょう。不意の怪我を防止するため, 慣習に囚われずに変えていくことも大事です。以前, 学級文庫の棚をガラス窓前に置いていて, 本を入れたことによりガラスが割れたことがあります。少し想像力を働かせれば, ガラスが割れることもわかったのに……と反省しました。日頃の教室の安全点検で確認しましょう。

対策 2　怪我人がいなかったどうかをすぐに確かめる

　もし, ガラスが割れてしまったときの第一声は, 「何をしているんだ!」ではありません。指導は後回しです。一番は, 「大丈夫か?誰か怪我をしていないか?」の言葉です。子どもに安心を与えることにつながりますし, のちの保護者との対応も変わってきます。

Point　壊れたまま, 荒れたまま, 汚れたままにしない

　窓ガラスもそうですが, 机や棚, 黒板に残るチョークの消し跡まで, 壊れたまま, 荒れたまま, 汚れたままにしないようにします。机を磨くちょっとした洗剤やマイクロファイバーぞうきんなど, 100均などで手軽に手に入るので, これらを教室に常備しておくとよいですね。

超基本編

子どもの姿編

教室環境編

教師自身編

子どもの姿

ヒヤリ・ハット 15

何かを前向きに取り組もうと言うと，即座に反対意見が複数挙がる

 ヒヤリ・ハットの状況と原因

　ここまで来るともはや，先生がスーパーサイヤ人ブルーやギア３（サード）からギア４（フォース）に変身するか，額に痣が現れるような修業を積んで劇的な変化を遂げないと，改善しないのかもしれません。教師だけが原因でなく，何かしらの不満やいらいらからこのような行動に結びついています。この不満を取り除くためにも，子どもと日ごろから対話をしておくことが大切です。

情報の共有をうまく行う

対策 1　事前に数名に話しておく

　いきなり子どもたちへ活動の提案をするのではなく，こんなことをしよう
と思っているんだけど，やってみない？と，休み時間などに話してみるとい
いでしょう。教師に反発をしているなと感じる子どもたちに先に伝え，教師
に協力的な子どもたちには後からです。手応えも知ることができます。伝え
る時は「まだ考えている途中なんだけどね……」と，いつでも引っ込めるよ
うにしておくことも大切です。

対策 2　できない理由を共有する

　何が何でもしなくてはいけない場合は，提案ではなく指示になります。こ
れは今回とは別物です。提案を複数で拒否する場合には，理由を聞きます。
これは，相手の立場に立った傾聴姿勢で聞きます。場合によっては，妥協案
を提案したり，思い切ってやめたりすることも頭に入れておきます。

> **Point** 子どもへの提案は，慎重に考えて発信する
>
> 　この取組はおもしろい！みんなで取り組ませよう！とまず，教師自身
> が楽しむことは必須です。しかし，必ず子ども全員が喜ぶとは限りませ
> ん。全員を巻き込むためには用意が必要です。一部の子どもが100%楽
> しめるのではなく，全体が70%楽しめる取組を提案するとうまくいくこ
> とが多いです。

超基本編

子どもの姿編

教室環境編

教師自身編

ヒヤリ・ハット
16

悪いことに対して
子ども同士の注意がない

 ヒヤリ・ハットの状況と原因

　やりすぎはよくありませんが，子どもたち数名が先生の味方をしてくれると，集団が良い方へ向かうことがあります。先生が言うよりも，子どもたち同士で指示し合うと伝わることもあります。でも，その子ども同士の関係すらもない状態では，解決は難しいです。悪いことをしたときに，行為そのものに目がいくと良いのですが，その子自身の人格や性格に働きかけようとすると，解決が遠くなることがあります。

教師は正義・正論だけを押し付け過ぎない

対策 1　正義・正論は正しい。しかし遊びも必要

　ここで言う遊びは，車のハンドルでいう遊びの部分です。クラスに余裕が
ないと，子ども同士で支え合う様子が見られなくなることがあります。クラ
スが落ち着いているときに，少しゆっくりと過ごすことが必要です。例えば
用意していた課題が早く終わり，時間が5分余ったとき。運動場には遊びに
行けないけれど，たまには教室で休み時間にすることも悪くないでしょう。

対策 2　正義・正論が刃になることもあることを意識する

　正義・正論で追い詰めてしまい，その結果，それを守ることができない子
どもたちが爆発することがあります。この状態では子ども同士で支え合うこ
となど当然不可能です。そうなってしまった場合は，その子どもの状態をク
ラス全体で共通認識できるようにしないといけません。

 Point　「できない」子への正しい対応を教師が見せる

　教師への反発でできないのか，発達の課題により取り組むことが難し
く反発しているのかを見極め，他の子どもに正しい対応を見せることが
重要です。教師は，子どもたちの多様な性格・発達の段階があることを
意識し，正義正論をふりかざし過ぎず適切なサポートを見せることで，
学級に安心が生まれ，他の子どもたちも少しずつお互いを支え合う姿が
見られるようになります。

ヒヤリ・ハット
17

教師の悪口を言っている

ヒヤリ・ハットの状況と原因

　これは，もしかすると学級崩壊の初期段階かもしれません。内容にもよりますが，大抵まずは，呼び捨てから入ります。

　「かずくんたち，先生のこと，呼び捨てにしとったで」

　そういう声が聞こえてきたら，子どもたちの情報キャッチアンテナをさらに高くしましょう。呼び捨てにすることで，仲間意識を感じたり，強がってみたりする心が大きくなるようです。この心が大きくなりすぎると，小さくするためには，時間と労力がかかります。自分たちにとって，何か不都合なことを感じたのでしょう。聞いてみると意外にも正論かもしれません。

関田がさぁ〜

情報を広く得て，対応は穏やかに

超基本編

子どもの姿編

対策 1 コミュニケーションを取り一人ひとりとつながっておく

教材研究も大事，会議も大事。でもそれより，子どもとのコミュニケーションが大事です。中堅やベテランの先生は，若い先生の仕事を取ってあげて，この時間を大切にするように促しましょう。子どもたちの興味のある事柄を調べて話題にしてあげることもいいでしょう。私も担任をしている当時，音楽，大きなおもちゃ屋さんにならんでいるもの，ゲーム，漫画などは，何が人気なのかを2週に1回程度，リサーチしていました。

対策 2 笑顔で言い直しさせる

直接言われた場合は「誰のことを呼び捨てにしてるの？」と笑顔で言い直させます。陰で言っている場合は，ひとまず知らないフリをするしかないでしょう。悪口については，時折，その通り！と思うこともあります。教師側の態度を考えることができるチャンスでもあるので聞きましょう。

教室環境編

Point その子の周囲にも伝わるように話す

呼び捨てで呼びたい年頃もあるのかも知れません。ただ，目上の人には，丁寧語や尊敬語を話すこと。さんづけをすることなど，社会のマナーを教えることは必要です。呼び捨てにする子どもの周囲の子どもを育てるつもりで話すことができると良いですね。

教師自身編

ヒヤリ・ハット
18

先生の指示に対して,
素直に従わなかったり,無視したりする

ヒヤリ・ハットの状況と原因

　この状況は,先生に起因するところが大きいことがあります。特に,指導がぶれているときです。この間までOKだったのに,今日はダメ。ダメだったと思ったらOKだったようなことが続くと子どもの心は離れます。これでは,次第に聞かなくなって当然でしょう。信頼感も失ってしまいます。

　一度言ったことは,よほどのことがない限り貫きたいですね。ルールを変更する場合は,学級で話し合い,明文化するといいでしょう。

指示の理由を伝える

対策 1 　わかりやすい指示を心がける

　学習活動であっても理由を伝えて指示をすると取り組みやすくなります。しかしその一方で，教師の話は長くなってしまうので，ケースバイケースで使い分けます。途中の内容変更は，必ず理由の説明が必要です。子どもの様子を見つつですが，一度伝えた指示の変更は極力避けた方が良いです。だから，発問や指示の精選，準備に時間をかけるのですよね。

対策 2 　取り組まなかった理由を考える

　素直に従わなかったから，すべてダメ……ではありませんよね。どうして取り組まないのか，教師は理由を考える必要があります。気分の問題なのか，苦手さなのか，反発心からなのか。反発から取り組むことができなかったり，授業妨害へとつながったりする場合は，保護者に相談することも必要です。

Point 　子どもの背景から丁寧に理解をする

　子どもの言動には，必ず理由があるのと同じように，「しなかった」ことにも必ず理由があります。特に子どもを教師の都合で動かそうとすればするほど，子どもの心は離れていくので，悩ましいところです。双方が納得する形が最善なので，指示と理由はセットで伝えることを心がけましょう。

超基本編

子どもの姿編

教室環境編

教師自身編

ヒヤリ・ハット

19

殴り合いのけんかを先生の前でする

 ヒヤリ・ハットの状況と原因

　大人の見ていないところのけんかとは，違います。先生の目の前でするというのは，様々な心理状態が働いています。もちろんこれも，衝動性や多動性が高い子どものことではありません。

　目の前で見ている先生が，けんかになる前に解決してくれないなどの不信感を子どもがもっていると，このようなことが起こり得ます。またけんかをどう止めるのかを見るために，友だちにけんかさせると言った子どもを担任したこともありました。双方，まずは怪我のないように止めましょう。

ヤメテ〜…

笑顔で解決を目指す

対策 1　笑顔で子どもたちと過ごす

　荒れたクラスの担任と交代して学級を受けもったことがあります。クラスの女の子たちが「喧嘩が減ってきた」と話すと，その時によく暴れていた子どもは，「先生が，いつも明るいから。笑って話を聞いてるから」と言っていました。「専手必笑」です。どんなに涙が流れることがあっても，教師の笑顔は子どもをそうっと支えているのです。

対策 2　まず止めて，その後双方から話を聞く

　コミック会話などの手法を用いて話を聞きます。黒板や白紙の用紙などに，お互いの言い分を書いて視覚化するのです。そして，悪かった行為に着目します。そして，「違う行動を取っていたら，けんかになることはなかったんじゃない？」と問う中で，お互いの嫌だったところを確認します。場合によっては，クラス全体で共有化し，この行動は，されたら嫌だなって思う人は，手を挙げてね，というように，嫌だった気持ちをたくさんの子どもが理解することによって，怒りを鎮められる場合があります。

> **Point** 解決する時は必ず理由を聞く
>
> 　教師の前でけんかをしたとしても，即座に優しく解決することを見せることによって，次第に無意味なけんかは減ってきます。同時に，信頼の回復も図れます。逆に解決をしないと，けんかは増えてしまう傾向にあります。

超基本編

子どもの姿編

教室環境編

教師自身編

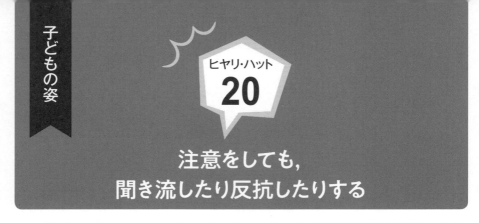

ヒヤリ・ハット
20

注意をしても，
聞き流したり反抗したりする

ヒヤリ・ハットの状況と原因

　もはや信頼感ゼロ状態です。

　「わたしたちは，先生の言うことをこれからは聞きません」なんて，呼びかけをされてしまっているようなもの。こうなってしまう前に対策は行いたいですね。

　もし，複数の子どもたちがこのような状態である場合は，1人ずつ心をほぐすようなほっとすることを取り入れ，リラックスムードを体感させましょう。これは，担任の先生ではない大人の協力も得て，リラックスさせつつも，不満を聞いてあげることが必要でしょう。

子どもたちの理由を探ること

対策 1 　できているときにほめる, 改めたときにほめる

　子どもの不適切な行動を注意します。すると子どもは，改めました。ここで即座に「注意したことを直してすごいね」とほめます。そうすると，その周囲の子どもも姿勢が良くなったり，同じようなことをしていた子どもが態度を改めたりします。「いいことを真似しようとするなんて，これもすごいね」とほめます。そしてクラス全体に，「こういう仲間がいると，すごいクラスになるね。先生は嬉しいです」と話しておくのです。これは，早い時期であればあるほど効果的です。

対策 2 　落ち着いているときに個別に理由を聞く

　帰り際，掃除の時間など，わざわざ呼び出して聞くのではなく，さりげなく「さっき注意したときに，聞いてくれなかったこと，先生は悲しかったよ。なんかあったの」と。「先生は」悲しかった。がポイントです。そして理由を話してくれたのならば「せいなさんは，そのように考えていたんだね」と受けとめます。このやりとりを積み重ねていきます。すぐには改善しません。長い目で見守る必要があります。

> **Point** こうなっていないときに, ほめて価値付けする
>
> 　この章のほとんどの項目において，そうなる前に，ほめること。言動に価値をつけて良い評価をすることが大切です。起こる前に指導です。「専手必笑」の手立てで取り組みたいですね。

第 3 章

学級経営
ヒヤリ・ハット
教室環境編

教室環境編　チェックリスト

☐ 机の並びや中身が乱れている

☐ 机，椅子の脚元のキャップが外れ，がたついている

☐ 机の横にたくさんのものが提げられている

☐ 前面黒板が伝言板のように使われ，なんでもかんでも書かれている

☐ 前面黒板周辺に，ポスターや標語が貼られ，雑然としている

☐ テレビ棚の中が整理されていないまま放置されている

☐ その日の予定がどこにも提示されていない

☐ 掲示されている目標が抽象的である

☐ 掲示物の旬が合っておらず，情報がまったく更新されていない

☐ 教師の机や棚などが整理されていない

☐ 持ち物が整理できないのを子どもたちのせいにして対策していない

☐ 床に落ちているごみが，いつまでもそのままになっている

☐ 学校やクラスで決めたルールが否定文の状態で掲示されている

ヒヤリ・ハット
1

机の並びや中身が乱れている

ヒヤリ・ハットの状況と原因

　荒れている教室は，乱れています。それが顕著に表れ始めるのが机です。

　子どもたちの机の列が乱れていたり，それだけでなく教師の指導机の引き出しや机上も整っていなかったりします。机の中は別問題と考える方もいるかもしれませんが，荒れを見せないクラスの指導机の中は，きちんと整頓されていることが多いです。

子どもと共に環境の整美に取り組む

対策 1　床に机を整頓するための印を入れる

　机の位置を整えやすいように，床に印をつけます。丸いシールを貼っても
いいでしょう。教室内を土足で過ごす学校ならば，黒マジックで印をつける
ことがおすすめです。

　その際，机の前側の脚に印を入れることが多いですが，そうすると合わせ
るときに机ごと子どもが前に倒れる場合があるので，子どもが座る側の机の
脚の下に印をつけるようにします。子どもが机を引きながら合わせるように
仕組むと，怪我の防止にもなります。

対策 2　帰りの会の時に，机の整頓を指示する

　掃除をすると自然に机の並びは揃うでしょう。そして，帰りにもう一度揃
えます。そうすれば，子どもたちが帰った後，教師は微調整のみですみます。
次の日，子どもたちは気持ちよく教室に入ることになります。

> **Point** 机が揃っている時の教室を意識させる
>
> 　「机が揃っていて，美しいね」と，声をかけるだけで，子どもたちも
> 意識をします。揃っている写真を掲示して，常に美しい状態を目指せる
> ように目標を掲げることも良いですね。

机, 椅子の脚元のキャップが外れ, がたついている

 ヒヤリ・ハットの状況と原因

　机や椅子の脚に, キャップが付いていると思います。これが経年劣化で外れていたり, 削れてしまっていたりしていると, がたがたして音が鳴るだけでなく, 子どもの姿勢にまで影響してしまいます。それが募りに募ると, 次第に子どもたちのいらいら感へとつながってしまう恐れがあります。

放課後の孤独な作業を大切にする

対策 1　年度,学期当初にさわって確認

　年度当初に，机や椅子を整える際，自分でさわって確認するようにしましょう。子どもが自分で削るなどしない限り，ほぼこの1回で解決すると思います。始業式，子どもたちが椅子に座るまでわからないということはないように。子どもの中には，言い出せない子どももいるので，時間をとって教師が解決しておくようにします。

対策 2　子どもに言われたらすぐに対応

　もし，対策1を忘れてしまっていた場合でも，子どもから声があがったらすぐに対応します。以前の物を外したり新しいキャップをつけたりする作業はコツがいり，意外と難しいのでついつい後回しにしてしまいがちかもしれません。しかし，すぐに対応するようにしましょう。机椅子倉庫にある予備と交換することもいいでしょう。

Point　小さなことが積もって問題になることを意識する

　小さなことと感じるかもしれませんが，子どもの姿勢にまで影響し，子どものいらいらが募ってしまうのであれば，それは大きなこと。また，こういった子どもの声に反応する姿が信頼を得ることにもつながります。「我慢しなさい」と言わず，小さな声ほど大切にしたいものです。

ヒヤリ・ハット
3

机の横にたくさんのものが
提げられている

ヒヤリ・ハットの状況と原因

　机の横のフックにはつい荷物をかけたくなりますが，危機管理の視点で見ればこれはおすすめできません。机の横のものに体の一部が引っかかって，大怪我をしたという事例もあります。

　また，そのような教室では学力が低下してしまったとのデータも存在していますので，荒れを防ぐ視点からも避けるべきでしょう。

危機管理と学力向上を意識する

対策 1　集中の妨げになるものは置かない

　机の横に手提げを1つかけて，その中へ国語辞典をはじめ，様々なものを入れていないでしょうか。今後は，GIGA スクール構想によるタブレット用のかばんも机の横にかけるのでしょうか。しかし，机の横にかけた手提げが足に当たることにより，学習時の集中度が下がるという研究もあるそうです。学力向上のためにも避けたいですね。

対策 2　もしもがあるかもしれないのが危機管理と意識する

　給食のおかわりをしようと思って，はしと器を持って，机と机の間を急いだ子どもが，手提げかばんに引っかかり，ころんでしまった……　その時に持っていたはしが，目に刺さった事故も実際に起きています。幸い眼球には影響がなく，大事には至らなかったそうですが，万が一のことを想像すると恐ろしい話です。危機管理は，想定しすぎて悪いことない。このような視点からも，机の横には，何もかけないほうがよいでしょう。

> **Point**　学習道具は計画的に準備を指示し，なるべく自宅で保管
>
> 　何でも学校に置いておくことは，いつでも使えるという点では便利ですが，なるべく自宅で保管すれば学用品がなくなる，何かの拍子に紛失するといった，周囲を巻き込むトラブルになることも少なくなります。

超基本編

子どもの姿編

教室環境編

教師自身編

ヒヤリ・ハット
4

前面黒板が伝言板のように使われ，なんでもかんでも書かれている

ヒヤリ・ハットの状況と原因

　学校によっては，黒板の両端を伝言掲示板のように使っている学校があります。これは，残念ながら授業中には必要のない情報となるのです。情報の取捨選択が苦手な子どもや，情報過多で注意集中が散漫になってしまう子ども，独特な物の見え方のある子どもたちは，授業中常に，雑情報にさらされることになるのです。その結果，授業に集中することが難しくなってしまい，子どもの不満につながっていきます。

教室は，子どもたちの学習部屋であること念頭に置く

対策 1　1時間の流れが見える板書がダメな子どももいる

　視覚や聴覚情報の優先順位をうまく処理できない子どもがいます。重ねて置いてあるのにその上下がわからなかったり，先生の話を聞いていても，エアコンの動作音も同じレベルで聞こえたりするのです。このような子どもがいる場合，板書も学習が進んだら消してあげる必要があります。

対策 2　授業の板書（映像を含む）に集中できる環境を整える

　令和に入り，SNS などでは，板書画像がシェアされていることがあります。もちろん，1つの参考材料にはなります。しかし，目の前の子どもたちが違うので，そっくりそのまま使うことはないでしょう。ただ，板書の美しさ（見やすさ・わかりやすさ）は大切です。板書を大事にしないと学習もわからず，ノートづくりも難しくなります。

Point　黒板は，授業で使う先生とみんなのノート

　黒板は，「授業で使う先生とみんなのノート」であるという意識が浸透すれば，黒板への落書きもなくなるでしょう。そして教師も黒板を美しくしておくことを怠らないでください。この意識を常日頃から子どもにも伝え，自然と黒板が美しくなるのが理想です。

超基本編

子どもの姿編

教室環境編

教師自身編

ヒヤリ・ハット
5

前面黒板周辺に，ポスターや標語が貼られ，雑然としている

 ヒヤリ・ハットの状況と原因

前項に引き続き，教室前面の様子です。

以前は UD の視点から，「前面黒板の周辺には，何も掲示しません」と言われていましたが，実はそうではありません。具体的な学級目標やその時間に授業で使う学習資料は別です。目標は，シンプルな形でわかりやすいものであるならば掲示しても良いのです。

ちゃんとした生活を送る5年生！！

視覚情報の精選を行う

対策 1　黒板に書かれる情報は，精選する

　特別支援教育の知見が浸透し始めた頃，黒板に何も貼らない方が良いと言われた時期がありました。今はそうではなく，具体的な目標などは，掲示しても問題ないことがわかっています。ただし，風が吹くとひらひら揺れたり，日の光でぴかぴか反射したりするような掲示物は避けましょう。

対策 2　掲示する場合は，内容に注意して意図を伝える

　1学期に，蒔田晋治氏の詩『教室はまちがうところだ』を学習後に，詩の題を学級の目標として掲げたクラスがありました。そのクラスは，2学期から少しずつ荒れを見せ始め，落ち着かなくなってしまいました。その時に，「教室は，まちがうところだから」と，大暴れした子どもがいたそうです。どんなにすばらしいことでも，意図を明確に伝えないと，書かれている事柄を字義通りに解釈させてしまうケースもありますので，掲示するのであれば具体的な内容にしましょう。

Point　集中できる教室環境に

　子どもの視覚情報の整理から言われる，前面黒板周辺の掲示物の精選。これを簡潔にまとめると，「授業に集中できる環境をつくりましょうね」ということです。単に「何も貼らない！」ということではないのです。

超基本編

子どもの姿編

教室環境編

教師自身編

テレビ棚の中が整理されていないまま放置されている

ヒヤリ・ハットの状況と原因

　今の時代，テレビ棚もなくなっていくのかもしれませんが……　そのような棚の扉がガラス戸になっていて中が見えていると，何があるのかがわかりやすいです。しかし，子どもにとっては「何があるんだろう…」と触りたくなってしまいます。また整理されていないと，ぐちゃぐちゃな状態が視野に入り，次第に教室全体，ひいては子どもたちの荒れにつながってしまうのです。

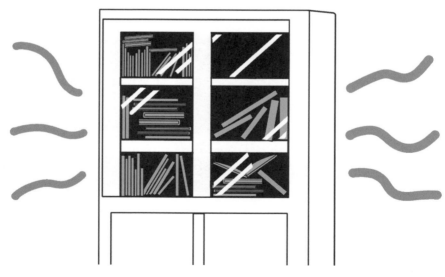

子どもたちの学習環境を整えよう

対策 1　視界に入るものは，すべて整える

　物が整然としているとそれだけで気持ちが良いと感じるのは，私だけではないでしょう。また，子どもたちも私たちも，1日の3分の1近くを学校で過ごします。その環境を居心地良くしたい，安心できる場所にしたいと考えるのであれば，教室の整理整頓は欠かせません。

対策 2　危険な物は，子どもの視野に入れないようにする

　はさみやカッターナイフ，彫刻刀などを入れなくてはいけない場合には，施錠することも考えましょう。教室は，子どもたちだけで過ごすこともあります。なかなか危険予測をすることは難しいかもしれませんが，万が一を想定して予防対策をしましょう。

 Point 整理整頓をすると，時間的・心理的な余裕が生まれる

　何よりも教師に心の余裕があると，何が起こっても受けとめやすくなります。この余裕を生むためには，教室環境の整理整頓が大切です。忙しくても毎日必ずしておきましょう。あとでまとめてするよりも，日ごろから少しずつ取り組む方が負担も少ないです。お手伝い好きな子どもといっしょに取り組むことも良いでしょう。

超基本編

子どもの姿編

教室環境編

教師自身編

ヒヤリ・ハット
7

その日の予定が
どこにも提示されていない

ヒヤリ・ハットの状況と原因

　予定がどこにも提示されていないと，子どもたちは次に何をすればよいのかわからず不安が生まれてしまいます。

　どこかに提示されていれば子どもは，１日の見通しをもつことができます。その結果，次の行動にゆとりが生まれます。変更がある場合は，理由を説明して行います。こだわりの強い子どもは，この変更を受け入れられないことがあるので，個別に伝えることも必要です。

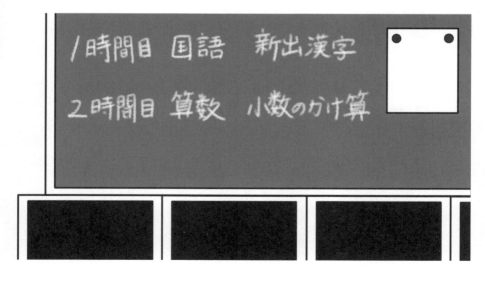

週間計画や月間計画を活かす

対策 1 学習の見通しをもたせる

　私が学級担任をしていた時は，教室内に1日の見通しのための予定を表示しておくのと同様に，国語や社会，理科などは，単元ごとの学習計画をノートに綴らせていました。各教科でも見通しをもたせることができるので，子どもたちも事前に予習をし，授業に臨むことができたようでした。

対策 2 口頭指示よりも視覚化する

　口頭で伝えることも悪くはないのですが，子どもたちが，一日中記憶を保持しておくことは，なかなか難しい。小さくても良いので，授業の邪魔にならない程度に視覚化しておくと，子どもたちに余裕がうまれ，学級に対する安心感をもつことができます。

Point 子どもにも教師にもゆとりを生む，小さな手立てを入れる

　1週間の時間割を貼っていればいいのでは？という先生もいるかも知れません。しかし小学校では，学級担任がほぼすべての教科を授業するので，様々な要因で時間割の変更があります。前日にまず教師が1日の流れを確認し，教室内に視覚化しておくことで，子どもたちも活動の準備をスムーズにできます。そのうち子ども自身で動くこともできるようになり，次，何するの？といった声も減っていきます。

超基本編

子どもの姿編

教室環境編

教師自身編

ヒヤリ・ハット

8

掲示されている目標が抽象的である

ヒヤリ・ハットの状況と原因

　先の項目でも少し述べましたが，抽象的な目標をクラス内に掲げることは，なかなか気づかれていない NG の中の１つです。「ちゃんとしなさい」という指示が正しく理解できず，子どものいらいらにつながってしまうことがあると思います。それが１年間ずうっと目の前にあるということなのです。

　特に，字義通りの解釈をしてしまう子どもがいる時や，学級や先生に対して反抗的な態度が見られ始めた子どもがいる時は，言葉に注意です。

目標の掲示物は, 具体的な姿が浮かぶような内容にする

超基本編

子どもの姿編

対策 1 NGワード「ちゃんと」,「しっかり」,「きちんと」

　ちゃんと立つ, しっかり立つ, きちんと立つ, の3つを明確に使い分けられる人はいないのではないでしょうか。このような言葉を使っても, 子どもそれぞれの解釈が違いますので, 具体的に表示することが大切になります。「静かに」や「生き生きと」なども, 人によって解釈が違うので避けたい言葉です。

対策 2 絶対に必要な情報かどうかを考える

　授業の中で子どもたちがよく見るものは, 教科書, ノートを除けば, 黒板です。その周りに掲示するものですので, 今一度必要かどうかを検討してみてください。授業と直接関係のない掲示物は, 子どもたちにとって雑情報となります。これらがあるために, 授業に集中できない子どもが一定の割合でいるのです。

教室環境編

Point 教室は, 子どもにとって第二の居場所である

　子どもたちは学校で非常に長い時間を過ごします。学校生活の中で, 一番長く過ごすのは教室です。だからこそ, 掲示物1つとっても意味のある場所に, 意味のあるものを掲示しましょう。居心地の良い教室環境づくりは, 雑情報にならないかということを気に留めましょう。

教師自身編

ヒヤリ・ハット
9

掲示物の旬が合っておらず，
情報がまったく更新されていない

ヒヤリ・ハットの状況と原因

　いつまでも，新学期当初に取り組んだ作品が掲示されたままということはありませんか。剥がれている，破れている，修繕されていない掲示物などは，NG です。

　また，掲示物にも旬があります。時を逃すと，ピントのずれた掲示物になってしまいます。

掲示物のもつ意味を考える

対策 1　どうして掲示しているのかを考える

　子どもの作品・学級通信……　何でもかんでも掲示すればいいものではありません。実際に誰かから聞かれることはないかと思いますが，どうしてこの作品を掲示しているのかを少しだけ考えておきたいです。そうすると，掲示の仕方だけでなく，内容も変わってきますよ。

対策 2　掲示物を剥がす日を決めておく

　掲示を始める日は，つくった次の日でも構いません。問題は，いつまで掲示するのか。つまり剥がす日を決めておくということです。掲示物のタイトルに，「〜15日まで」などと書いておくのもよいでしょう。そうすると，教師が忘れていても子どもたちが声をかけてくれることでしょう。

> ## Point　子どもと一緒に取り組むと楽になる
>
> 　子どもたちの背が届く高さに掲示場所をつくると，子どもたち自身で掲示することができます。私が学級担任をしていた頃，硬筆や習字の作品を子どもたちが自分で掲示できるようにしていました。手が届くので，剥がし忘れにも子どもたちが気づきます。授業後半は，私が評価した後掲示する，というシステムにしていました。

超基本編

子どもの姿編

教室環境編

教師自身編

教師の机や棚などが整理されていない

ヒヤリ・ハットの状況と原因

　荒れている教室の多くは，教師の机上も荒れている，とここまでの項目でも述べてきました。どうしても苦手な人もいるかもしれませんので，ここではそういった方のための対策を考えていきます。

　私も整理整頓が非常に苦手なうちの１人ですが，指導机を子どものモデルとなるように見せることで，学級の荒れを予防します。

自身に合った机の在り方を考える

対策 1 　指導机を教室後方に置く

　どうしても机上整理が苦手ならば，教室の後方に指導机を置くこともできます。多少散らかっていても，授業中，子どもの雑情報にはなりません。また，指導机で事務をしている場合，教師の目線は下を向きます。子どもたちにとっては，すぐに見られていないとわかり，この隙をついて不適切行動をすることがあります。指導机を後方にしていると，その可能性を低くする効果もあります。

対策 2 　構造化して学習教具を整頓する

　例えば収納された状態をデジタルカメラで撮影し，小さく印刷して棚などの隅に貼っておくと，片付けが楽にできます。他にも自分自身がわかりやすい方法があると思います。文字よりもイラスト，それよりも図がいいなど，人によって違います。自分に合ったベストな方法を探してみましょう。

> **Point** 幼稚園・保育所から学ぶ
>
> 　保育所の送り迎えをするとき，子どもの荷物を順に取っていくのですが，そこには子どもの印となるイラストがあったり，収納棚には文字とシンボルとなるイラストが描かれていたり，収納されている状態の写真が掲示されていたりしました。機会があれば見に行ってみてください。勉強になりますよ。

超基本編

子どもの姿編

教室環境編

教師自身編

ヒヤリ・ハット
11

持ち物が整理できないのを
子どもたちのせいにして対策していない

 ヒヤリ・ハットの状況と原因

　ロッカーや机が整理できずぐちゃぐちゃになってしまう子，あなたのクラスにもいませんか。「ちゃんと整理整頓しなさい」と叱ってしまうこともあるでしょう。そうではなく，環境からまずは働きかけます。荷物が取りやすく，授業の用意がしやすい工夫を考えます。また，子どもたちの机の上を見ると，数時間分の教科書が載っているような子どもはいませんか。それでは落ち着いて学習することは難しいかもしれません。

できないところを構造化で整理する

対策 1　デジタルカメラで視覚化する

　教師自身の机上の整理でも述べましたが，構造化して片付けやすくすることは有効な手立てです。しかし，いきなりすべてをやり過ぎるとわかりにくくなる場合もあります。子どもたちと過ごしていると，掃除道具やぞうきん干しなど，片付けにくいところが現れてきます。そういった場所から，整理された時の写真を撮って隅に貼っておくのです。

対策 2　子ども個人への構造化をする

　先述した10（p.100）の続きになりますが，整理された状態の写真を子どものランドセルロッカーの隅に貼ります。お道具箱には，底と同じ大きさに印刷します。それを中じきに使うとうまく片付けることができます。少しずつ自分で整理できるようになりますよ。

> **Point** 日々，子どもの机の中を意識する
>
> 　帰りの会が終わり，あいさつをする前に，お道具箱を机の上に置きます。その状態で帰らせます。机の中に学校からの配付物などが残っていないかを確かめるためです。特に低学年では，必須の確認事項ですね。お道具箱を毎日机上に置くことで，中身を見て持ち物状態を確認することもできます。生徒指導上も有効です。ダンゴムシがたくさん出てきたこともありますが……。

超基本編

子どもの姿編

教室環境編

教師自身編

ヒヤリ・ハット
12

床に落ちているごみが，いつまでもそのままになっている

ヒヤリ・ハットの状況と原因

　工作の授業が終わった後のごみや鉛筆の削りかすが，床に落ちています。さあ，いつなくなるでしょうか。気づいた子どもがさっと捨ててくれるクラスであってほしいですね。

　まさか次の日も，そのまた次の日も残っていることは，ないですよね。子どもたちの心が乱れてきますよ。

少しずつ，子ども自身が動くクラスを目指す

対策 1　見つけたらまず教師自身が掃除する

　小さいごみであれば，見つけたらすぐに教師自身が掃除するといいですね。100均のお店などに売っているミニほうきセットは，重宝します。

　また，この姿が子どもたちへ伝播すると，ほめることがいっぱい出てきそうですね。

対策 2　短い指示で，掃除タイムをとる

　授業の後半に，「教室をきれいにするよ。ごみを３つ拾ってゴミ箱に捨てましょう」と声をかけましょう。拾い始めた子どもからどんどんほめていきます。時には時間を計ったり，ごみの量をみんなで確認したりして，子どもたちの活動をほめましょう。

 Point　教室の汚れは，次第に子どもの心も乱していく

　片付いていない部屋では，作業効率が悪くなったり，心の安定が図れなかったりすることが知られています。このような状態が続くと，教師自身だけではなく，子どもの心も少しずつさんでいってしまうことでしょう。ほめるチャンスだと捉えると，ごみを掃除することも，ラッキーチャンスになりますね。

超基本編

子どもの姿編

教室環境編

教師自身編

ヒヤリ・ハット
13

学校やクラスで決めたルールが
否定文の状態で掲示されている

ヒヤリ・ハットの状況と原因

　学校・教室内でのルールは掲示をすることで，別の機会にも話し伝えることができます。でもそのルールが「廊下を走らない」「すべり台は，逆走をしません」など，文末が否定のままになってはいませんか。

　このままでは，何をしたらよいかがわからない子どもがいます。だから，ルールが守れないという子どもがいるのです。「ルールが守られないから子どもたちが悪い」ではなく，まずは提示の仕方から見直していきましょう。

具体的な文章で提示する

対策 1 文末を肯定文で終える

「廊下は歩きます」「すべり台は，上から下へすべります」「総合遊具の上では歩きます」「遊んでいけないところに行くときは，先生といっしょに行きます」など，文末を肯定文にすると，どうすればいいのかが明示されることになります。今まではルールがなかなか守れなかった子にも伝わる文章に変化します。

対策 2 図やイラストを使う

文字情報だけでは理解できない子どもには，図やイラスト，時には，授業の中で確認する際などは，動画を使って説明することも有効です。

Point 子どもの目線で考え，今に合っているのかも大事

今まで代々受け継がれたルールもあるでしょう。しかし，コロナ禍の中で，できなくなったことや，新しい時代のルールも増えています。現代の学校に合っているのかどうかを考えながら，見直しも必要です。その時に，文末も意識すれば子どもたちにとってさらにわかりやすいものになります。「肯定文で伝えること」は，理科の実験など活動を指示する必要がある授業でも同様のことがいえます。

超基本編

子どもの姿編

教室環境編

教師自身編

第 4 章

学級経営
ヒヤリ・ハット
教師自身編

教師自身編 チェックリスト

□ 荒っぽい言葉を使ったり，だらしない服装で過ごしたりしている

□ 笑顔のない指導，笑いのない授業をしている

□ よく注意したり，怒ったりしていて，その後のフォローもない

□ 子どもに怖がられている

□ 子どもが勝手に教室を飛び出しても仕方がないと割り切り
　そのままにしている

□ 理由を聞かずに，頭ごなしに怒る

□ 授業を淡々と進めることをよしとしている

□ 教材や授業に関する質問を職員室内でよくしている

□ 「ちゃんと」「しっかり」「きちんと」「静かに」「うるさい」「聞いてるの」と
　よく言う

□ 指導法は，「これが一番」と決めている

□ 子どもの学力が定着しないのは，
　子どもの努力が足りないからと考えている

□ ユニバーサルデザイン化のために，工夫を凝らし過ぎている

ヒヤリ・ハット
1

荒っぽい言葉を使ったり，
だらしない服装で過ごしたりしている

 ヒヤリ・ハットの状況と原因

　これは，すぐに改めたいと考えていただけるのではないでしょうか。就学前までは，子どもは母親を中心に言葉の学習をしますが，学校では教師の言葉を吸収して育ちます。また，儀式の時にスーツを着るのは，厳粛な雰囲気を保つためです。悪い言葉やだらしない服装を教師が見せ続けていると，知らないうちにマイナスの雰囲気になっていきます。

教師の一挙手一投足を見ている

対策 1 言葉遣いは，ていねいにする

　言わずもがなですね。特に低学年を担任した方は，子ども同士で注意をし合っているその言葉が，自分にそっくりだったという経験はありませんか。言葉遣いというのは，あっという間に伝播しますので，逆に言えば正しく，丁寧な言葉を教師が使えば，それが教室に溢れることになります。

対策 2 服装を整える

　これも言わずもがなです。最近の教育雑誌には，教師のファッションのページがあります。スーツで授業をする学校もありますよね。大人の手本として，また教室内の秩序を保つためにも，清潔感を大切にしながら身なりには気を配るようにしましょう。

Point 子どもはいつもあなたを見ています

　子どもたちの基本は，「先生のことが大好き」です。だからこそ，うちのクラスの先生が一番だと思い，それを真似したい気持ちが溢れているそうです。いわゆる芸能人のような「かっこいい」とは少し違いますが，子どもの良きモデルでいるように心がけましょう。

超基本編

子どもの姿編

教室環境編

教師自身編

ヒヤリ・ハット

2

笑顔のない指導,
笑いのない授業をしている

ヒヤリ・ハットの状況と原因

　これは，有田和正先生の名言「1時間で1回も笑いのない授業をした教師は，ただちに逮捕する」に尽きるかもしれません。笑いがなく，楽しくないところには，子どもたちは集まってきませんし，安心できる教室になるはずがありません。

　ましてやこれが毎時間，毎日続くと思うと，子どもの意欲はどうなっていくのでしょうか。

まずは自分自身が,笑顔で授業をしましょう

対策 1　1日1時間,力を入れた授業を心がける

　小学校は，全時間学級担任が授業をします。手を抜くわけではありませんが，1日のうちのすべての時間，力を入れて授業をすることは，正直なところなかなか難しいでしょう。

　そこで1時間だけがんばってみませんかという提案です。得意とする指導技術や教科を使い，その時は満面の笑顔で授業をするのです。

対策 2　まず教師自身がおもしろがる

　お笑い芸人のような大爆笑を取る必要はありません。国語の音読の「楽習」ネタに，ダウト読みというものがあります。教科書の一部分を，間違えやすい言葉や大事なところを違う言葉で言い換えて範読します。

　教師が違った言葉を言えば，子どもたちは「ダウト！」と言います。これだけでも大笑いです。

Point 困ったときにもまず,笑顔

　困った場面でも，笑顔は有効です。子どもの命に関わることや，今まさに，怪我をしてしまうときは別ですが，そうでないときには，まず笑顔で「どうしたの？」と声をかけるだけで子どもは安心し，話もしやすくなります。

超基本編

子どもの姿編

教室環境編

教師自身編

ヒヤリ・ハット
3

よく注意したり，怒ったりしていて，
その後のフォローもない

ヒヤリ・ハットの状況と原因

　子どもの言動に対して，注意をしたくなることは，正常な脳の持ち主です。何かを見た瞬時に脳自身が，危険か否かを判断しているからです。そしてそのまま注意したり，時には怒ったりすることは理解できます。しかしこればかりが続くと，教室の雰囲気は何だか重くなってきて，それに反発したい気持ちも湧いてきてしまいます。

注意の前に, 子どもの背景を理解する

対策 1　言動の理由を考える

　子どもが不適切な行動を取った時に, 教師の脳内は瞬時にダメだ！と判断します。その後叱責をするのでしょう。この間に, 「どうしてそんなことをしたのだろう？」と一度考えてほしいのです。わからなければ, 子どもに聞いてほしいのです。そうすることで, そうせざるを得なかったその子なりの理由がわかり解決の糸口も見えてきます。

対策 2　事前に子どもの特性を把握する

　子どもの特性によっては, なかなか解決の糸口が見えないときがあります。そうなると時間がかかってしまいます。事前にその子どもの実態把握をしていれば, 「このようなときに不適切な行動をとってしまうんだな」と想像することができます。また, そうならないような手立てを用意して取り組ませることも可能になります。

Point 事前の理解・把握とアフターケアを大切に

　私が通常の学級での特別支援教育の話をするときに欠かさないことが, 子どもの背景要因をみることと実態把握をしましょうということです。教職員でこれらの共通理解を図ることで, 不適切行動を防ぐことにつながります。また, 不適切行動が続く場合, その行動のきっかけと, 行動を起こしたあとの姿を確認します。これらを1～2週間記録することで手立てが見えてくることがあります。

超基本編

子どもの姿編

教室環境編

教師自身編

ヒヤリ・ハット
4

子どもに怖がられている

ヒヤリ・ハットの状況と原因

　先述の3の状況がより進行し，ひどくなったと理解してください。子ども
が荒れたら「怒鳴って，一喝すれば良いんだ」という教師に出会ったことが
あります。その瞬間やその年度は言うことをきくかもしれません。

　しかし異動などでその先生がいなくなったときに，子どもたちの不満が爆
発します。これは，並大抵のことでは落ち着きません。劇的な人的環境変化
も必要になり簡単には整いません。

感情をコントロールし, その場しのぎの指導をやめにする

対策 1　怒鳴ることは体罰であると肝に銘じる

　ある自治体では, 怒鳴ることも体罰であると明記されているところもあります。もちろん, 「命の危険性」「怪我を負う可能性」があって, 即座にやめさせたいときに怒鳴るような大きな声を出すことはあります。しかし, それ以外では望ましくなく, 体罰に等しいものと捉えてほしいのです。

対策 2　自身のアンガーマネジメントを知っておく

　怒りは, 脳内で「今, これから怒ります」と決めていると言われています。一般的には, 人の怒りの感情はいくつかのタイプに分かれるそうです。自分はどういうタイプで, 怒りが高ぶってきてしまったときにはどのようにコントロールするとよいのかを知っておきましょう。

> **Point** 怖い教師ではなく, 厳しい教師に
>
> 　学校の中で, 恐れられ, 怖がられるような教師も必要と考える方もいらっしゃるかもしれません。しかし怖い教師はいなくなれば, 子どもたちは恐怖心から解き放たれ, 野放しになってしまいます。根本的な解決にはつながりません。そういった方は, 「怖い」ではなく「厳しい」教師を演じるように心がけを変えてみると良いでしょう。

子どもが勝手に教室を飛び出しても
仕方ないと割り切りそのままにしている

ヒヤリ・ハットの状況と原因

　これは，割り切らないとやってられないような学級が機能しなくなる状態になる前の話です。また，子ども同士でけんかをした。そのうちの1人がいらいら感から，教室を飛び出した。これは，教師の気を引くための行動だから放っておこうという考えもあるかもしれません。しかし，その子の安全性の確保のため，また，その子どもの動きを知るために，追いかけたり居場所を確保したりすることが大切でしょう。

いらいらを生まない指導を考える

対策 1　傾聴姿勢で話を聞く

　子どもの話を聞くときに，教師が子どもの言葉を繰り返したり，「そうだったんだね。理由はわかったよ」と伝えたりすることが大切です。けんかがひどくなるのを避けて，その場を離れるために飛び出した，というその子なりのアンガーマネジメントだったというケースもありました。その子の気持ちには寄り添って，取った行動を一緒に考えてみましょう。

対策 2　時には，ゆっくりと過ごさせることも大切

　どうしても教室にいられないといった子どももいることでしょう。追いかけて顔を見合わせた後，クールダウンをさせることも必要です。教室に戻る際には，周囲が過剰な反応や刺激を見せないような配慮も必要です。

Point　想定外の危険から守る

　子どもが落ち着いて話す中で，どうすれば良かったのかを考え，こうしたらいいよと提案します。子どもに対して熱い思いをもつことは大切です。だからといってすべての教師に熱血を求めることは違うなと感じてはいますが，子どもが突拍子もない行動を取ったことで怪我をするような危険なことからは，絶対に守りたいです。

超基本編

子どもの姿編

教室環境編

教師自身編

理由を聞かずに，頭ごなしに怒る

ヒヤリ・ハットの状況と原因

　特別支援教育の知見が広まり，頭ごなしの叱責はＮＧであるということは言われているものの，なかなかこの手の話が減らないのはどうしてなのだろうかと感じています。

　子どもの言動には，必ず理由があります。これを思えば，頭ごなしに怒ることはなくなるはずです。

子どもの目線・気持ちに立つことを心掛ける

対策 1　言動の理由を聞く

　言動の理由は，フレーズをほんの少し言い換えることがポイントです。「何してんねん！」ではなく，「どないしたん？」と言うことが大切です。このように聞くと，子どもが自分から話してくれることが多いです。

　不適切な行動については，「理由は，わかったよ。この行為は，いいこと？悪いこと？どっち？」と二択で聞くと，反省に近づいていきます。

対策 2　突然，怒られると訳がわからなくなる

　これは，実際に子どもが発した言葉です。何がなんだかわからなくなった結果，その先生に対して嫌悪感しか残らず，「なんか，あいつ（教師），うざい」となってしまい，正当な話をしても伝わらなくなります。怒鳴りたくなっても一度深呼吸をしましょう。

Point　自身がされたらどう感じるかをイメージする

　同じような場面で，校長から突然怒鳴られたら，どう感じますか。良い印象をもたないですよね。子どもも同じです。また，好意をもった人からの話は，素直に聞けたり従ったりするのですが，嫌悪感がある人からは，言われる通りに振る舞うことが嫌だと感じることはないですか。この点については，大人も子どもも同じではないかと考えています。

超基本編

子どもの姿編

教室環境編

教師自身編

ヒヤリ・ハット
7

授業を淡々と進めることをよしとしている

 ヒヤリ・ハットの状況と原因

　先述した２（p.112）の続きになります。授業を淡々と行い，表情も乏しい状態で学校生活を送っていくと，次第に子どもたちも反応を見せなくなります。

　しかも，「静かに先生の話を聞いている」と，一見落ち着いたように見えて評価されてしまうこともあるので，周囲も気づきにくいのです。

　しかし，その先生ではなくなった次年度に，どかんと学級が機能しなくなることがあります。

教師の感情表現が安心を生み出す

対策 1　時には，子どもといっしょに感情むき出しで

　教師は大人だから，冷静を装ってという態度も大事ですが，感動したことや子どもたちが辛かったこと，これを共有する気持ちは，大切です。時には，感情むき出しで大笑いし，泣いてもいいじゃないですか。その思いに子どもの心も動き，安心感の溢れるクラスになります。

対策 2　淡々と行わなくてはいけないときもある

　淡々と授業を行わないといけないシチュエーションもあります。授業の進度の遅れを回復しなければいけなかったり，子どもたちへ刺激を入れすぎると学習とは関係のない反応があったりする集団で授業するときは，淡々と行うほかないのです。そうならないクラスを育てるためにも，年度当初から教師は笑顔を大切にしたいものです。

Point　教師も子どもの教育環境である自覚をもつ

　子どもにとって，学校の校舎や教室，教具などのハード面の環境ではなく，ソフト面の環境としての教師であることを自覚したいですね。感情ばかりが先行するのも難があるとは思いますが，なさすぎるのでは子どもたちも寂しいです。子どもの反応を見つつ，バランス感覚を身につけられるとよいですね。

超基本編

子どもの姿編

教室環境編

教師自身編

教材や授業に関する質問を
職員室内でよくしている

ヒヤリ・ハットの状況と原因

　あれ，これ普通じゃないの？と感じませんでしたか。この質問の後，自身が考えて授業構成を立てて実践していく姿勢があれば良いのです。しかし自分の考えなく，言われたそのまま授業を行った結果うまくいかず，人に聞き回っているような方はどうでしょう。

　質問することは大事ですが，加えて自分で学級の実態に合うように考える主体性があると，学級も授業ももっと上手に回ります。

「主体的・対話的で深い学び」は，教師にも必須

対策 1　失敗も経験，成功も経験

　「授業を上手にしたい」と思うのは，教師にとって永遠のテーマでしょう。だからこそ，失敗も成功も経験です。どんどんチャレンジしたいものです。その上で，助言をそのまま使うというよりは，自身の考えたことも加味して，クラスの子どもに合わせて取り組んでみましょう。

対策 2　あくまでもその人の成功談

　助言をもらった先生の実践は，子どもが違います。これは，インターネットや教科書・指導書等の実践も同じです。以前，「先生の本の通りにしてもうまくいきませんでした」と言われたことがあります。それは，子どもも違い，働きかけている教師も違うので，子どもや先生に合ったやり方をしないとうまくいかないのです。

> **Point**　**すてきな40代，50代を過ごすための今**
>
> 　残念ながら，40・50代の教師の学級が機能しなくなったり，休職したりするという話を耳にします。あらゆる知見や情報を得て，それらを追実践として行うことで自分の経験となります。経験値を上げていくことは，苦労が絶えませんが，将来への投資と捉えたいものです。

超基本編

子どもの姿編

教室環境編

教師自身編

教師自身

ヒヤリ・ハット

9

「ちゃんと」「しっかり」「きちんと」「静かに」「うるさい」「聞いてるの」とよく言う

ヒヤリ・ハットの状況と原因

　私は，これらすべてを NG 言葉だと解釈しています。

　例えば「ちゃんと」座るとは，どう座ることを指すのかが見えないからです。「静かに」「うるさい」も同様で，では，どの程度に保てば良いのかがすぐにはわからないからです。曖昧な言葉を子どもたちに言うと，勘の良い子どもは，すぐに反論してきます。

具体的に，かつ，肯定文で提示する

対策 1　NGワードを図やイラストで示す

「ちゃんと」座るとはこういうことだと，図解されたものや正しく座る姿勢のイラストを教室に貼っている学級に出合ったことがあります。「ちゃんと」という言葉を使わなくても，その図を指差すと姿勢を正す姿がありました。「うるさい」などの言葉も，声のボリュームを図化して示すことで使う必要がなくなります。

対策 2　リフレーミングをする

言葉を違った角度から言い換えてみることに取り組んでみると，実感できるかもしれません。「ちゃんと座る」も，「背筋を伸ばす。おしりを椅子の奥深くにかける。足の裏は，床につける。あごを引く」……。などたくさんの技術が必要になるので，複数の指示が受けとめられない子どもにとっては，難しい課題でもあります。

Point NGワードは，たくさんある

具体的に伝えないとどうしたらいいのかわからない場合があります。第3章の13でも綴ったように，「ではどうするんだ」ということが見えないのです。実は，これら以外にもたくさんあります。また「静かに」ひとつをとっても，場所によって静かにしなくてはいけないレベルも違います。一度何かの研修で言葉を出し合ってみるとおもしろいですよ。

超基本編

子どもの姿編

教室環境編

教師自身編

ヒヤリ・ハット
10

指導法は,「これが一番」と決めている

ヒヤリ・ハットの状況と原因

　この言葉は,漢字指導に対してある先生から言い放たれた言葉です。

　私よりも若かったのですが,残念ながら既に早期退職されました。

　漢字の習得法だけでも,どれだけの方法があるかを理解しての発言だったのでしょうか……。教師にとっての一番ではなく,その子どもにとっての一番があるのです。

たくさんのことを学び，自分の経験値を高める

対策 1 いろいろな方法を試してみる

　ある方法がうまくいったのは，その子どもたちだったから，ということはありませんか。違う方法のほうがもっとスムーズに習得できたということもあるかも知れません。人間の学びの型をざっくりと分けると，見て学ぶ視覚型，聞いて学ぶ聴覚型，体験して学ぶ習得型があります。子ども一人ひとりをとってもそれぞれ違います。

対策 2 試したいけど，理想の支援はピンポイント

　様々な指導法があります。苦手さや困っている子どもに対して，できるようになるためにいろいろ支援をしたいことでしょう。理想の支援は，子どもの実態把握と背景理解を行い，ピンポイントにすることです。そのためには，さまざまな指導法を知っておく必要があります。

> **Point** **直球1つでやっていくのは，かなりの技術力が要る**
>
> 　野球の投手をイメージしてみましょう。直球1つだけで勝負することも素晴らしいです。しかしたくさんの球種をもつことで，力の抜けた楽なピッチングができるという考えも聞いたことがあります。使うかどうかは置いといて，もっておいて損なことはないので，たくさんの指導法を知り，知見を広げておきましょう。

超基本編

子どもの姿編

教室環境編

教師自身編

ヒヤリ・ハット
11

子どもの学力が定着しないのは，子どもの努力が足りないからと考えている

ヒヤリ・ハットの状況と原因

　第1章でも，子どものせいにしてしまうことの危険性を述べました。しかし，コロナ禍の中で，子どもが取り組まない，教室を飛び出してしまうということもよく聞きます。それでも，何かしらの理由があるんです。自戒も含めて究極を言うと，魅力のある授業ならば，子どもたちは教室で一緒に学ぶことができるのです。

授業の中で学力を定着させる意識で組み立てる

対策 1　簡単なことから始める

　授業の導入時で、いきなりううんと考え込むような課題よりも、簡単な課題を早く解くことによって、脳も活性化されると言われています。目の前の子どもたちの実態を考え、一斉指導、グループでの学習活動、一人学習など、子どもの課題に合った方法での学習活動を仕組み、学びの定着に繋げたいものです。

対策 2　伸びを確認する

　学習に取り組んでいると、つい「できたか、できていないか」で見てしまいがちです。しかし、なかなか学力が定着しない子どもについては、取り組もうとするだけで、ほめたくなる子どももいます。そのため、取り組んだ学習時間や問題数、正答数、プリントの枚数など、その子どもの中での伸びを見つけてあげて、ほめて指導をしたいものです。

> **Point** 学習への意欲や努力したことをほめる
>
> 　学習に取り組もうとしている時、一生懸命に取り組んでいる姿を見た時、即座にほめましょう。この積み重ねとスモールステップを踏んだ学習計画も必要です。私が監修をさせていただいた『改訂　漢字が苦手な子どもへの個別支援プリント』や『改訂　算数が苦手な子どもへの個別支援プリント』（ともに清風堂書店）には、支援を散らすように入れています。子どもに合わせてお使いください。

超基本編

子どもの姿編

教室環境編

教師自身編

ヒヤリ・ハット
12

ユニバーサルデザイン化のために，
工夫を凝らし過ぎている

ヒヤリ・ハットの状況と原因

こちらも，いいことじゃないの？と思われた方が多いかもしれません。でも，やりすぎは禁物です。もちろん工夫自体は当然悪いことではありません。ここでは，ユニバーサルデザイン化が手段でなく目的となってしまい，困っている子どもの困難さや苦手さを取り除くという視点が失われている状態のことを指しています。子どもや学級の実状に合った支援が大切であるということは，言うまでもありません。

困っている子どもに合っているかを見極める

対策 1　子どもに合っているか否かを考える

「先日の研修で，書くことの困難さを軽減する方法を聞いてきたよ。早速みんなにやってみよう」という意欲はとても素晴らしいです。この意欲がないと学びに行くこともしなくなります。しかし，その手立てが目の前の子どもに合っているのかどうかは，別問題になります。

対策 2　その支援は必要か必要でないかを吟味する

「構造化が必要だ。全員，このマニュアルを使わせよう」とマニュアルをつくることは，上記同様に素晴らしいことです。しかし，そのマニュアルを見なくてもできる子どもにとっては，必要がありません。また，はじめは必要であっても，次第に要らなくなるという状況もあります。ユニバーサルデザイン化に囚われ，いつまでも不要な手立てを続けることのないようにしたいですね。

Point　目的は，目の前の困っている子どもへの支援

第4章の10（p.128）で綴った通り，たくさんの指導法をもっておくことは大事です。学んだことを活かすことも大事です。しかし，上記対策1，2で示したように，目の前の困っている子どもが主体であるということを忘れないようにしたいです。

おわりに

「関田先生，うちのクラス，真面目になってきたでしょ」

これは，複数回入らせてもらったある学校の子どもの言葉です。初めて参観した５月には，「これは，大変だ。これ以上崩れたら手が打てなくなる」と感じたのです。担任の先生には，次の訪問までに１つないし２つの手立てをお伝えし，取り組んでもらいました。最後の回は，立派に立て直り，良いクラスになりました。こういう子どもたち，クラスの姿を幾度となく見させてもらっています。

あるときは，何も課題を見せなかったクラスが，一気に崩れてしまったことがあります。完全に崩れてしまってからは，なかなか立ち直すことは難しくなります。私も異動の度に，教師の間で言われる「たいへんな」クラスをいただいたことがあります。子どもたちと日々格闘しながら，立て直したつもりです。「たいへんな」クラスは，前年度までにいなかった教師が担当しないと立て直せないことがほとんどです。

学年の後半に「たいへんな」クラスになってしまった時は，立て直せないことが多いようです。新年度に，新しい目で見てくれる教師でないと立ち直りにくいです。

学級が崩れてしまうと，子どもたち，そのクラスに関わる大人も不幸になります。教職員，そして保護者もです。学力も落ちてしまいます。その年だけの課題とは言い切れない状態にもなります。でも，学級がうまく機能しなくなる状態になるまでには，兆候があります。もちろんこの兆候は，じわりじわりと見せることが多いですが，短期間で一気に押し寄せてくることもあります。

我が子もまだ２年生と５年生。学校での様子や担任の先生の話を聞きます。子どもたちが先生の話を私にするとき，「ああ，担任の先生とうまくいって

いるんだなあ」と感じます。そのようなとき，その先生を応援したくもなります。そしてこういうときは，学級に「荒れ」すら見せないことが多いです。

　私もたくさんの保護者に応援してもらいました。力も借りました。コロナ禍である今，学校からなくなったものは，座高の検査とギョウ虫検査のみと言われ，〇〇教育と名の付くものがどんどん増えている時代です。働き方改革も叫ばれています。＃教師のバトンでは，いろいろな声が上がっています。　私は，ひとりの学級担任で学級を創る時代も終わりに来ているのではないかと考えています。チーム学校という言葉がありますが，チーム学年，チーム学級という言葉も生まれてくるのではと考えています。

　私は，日本 LD 学会の特別支援教育士スーパーバイザー（S.E.N.S-SV）でもあります。特別支援教育士とは，LD・ADHD 等のアセスメントおよび個別の指導計画の立案と実施ができる人材です。学校内で，児童生徒や教師をトータルに支援できる心理と教育の専門資格，すべての子どもたちを幸せにする資格です。その責務も背負いながら，今後も私のできることを積み上げていきたいです。

　まずは，自身の学校からです。教職員が 1 つのチーム，仲間になって，子どもたちの笑顔を中心に据えながら，子どもが見せる不適切な行動に対して，実態把握と背景要因を考えていきたいです。決して力で押さえ込むのではなく……。その中で，本書に書かせてもらったことも活かしていきながら，子どもたちも，教職員も，保護者もみんな幸せになることができるようにしたいと考えています。

　我が子のせいなっちとひでくんが，お絵かきしりとりをしようとやってきました。では，ここで打ち終えて，いっしょに遊んできます。

2021年6月

関田聖和

【著者紹介】

関田　聖和（せきだ　きよかず）
兵庫県神戸市立桜の宮小学校教頭
特別支援教育士スーパーバイザー（S.E.N.S-SV）
主な単著：『楽しく学んで国語力アップ！「楽習」授業ネタ＆
ツール』（明治図書），『新学期から取り組もう！専手必笑 気に
なる子への60の手立て』（喜楽研），『専手必笑！インクルーシ
ブ教育の基礎・基本と学級づくり・授業づくり』（黎明書房），
国語・算数が苦手な子どもへの個別支援プリントシリーズ（全
10冊，清風堂）
その他，『特別支援教育すきまスキル』（明治図書）等共著多数。

〔本文イラスト〕古京理紗

学級経営サポートBOOKS

学級経営ヒヤリ・ハット
「専手必笑」で崩壊を防ぐ教師の観察眼と対応力

2021年7月初版第1刷刊 ©著　者	関　　田　　聖　　和
発行者	藤　　原　　光　　政
発行所	明治図書出版株式会社

http://www.meijitosho.co.jp
（企画・校正）新井皓士
〒114-0023　東京都北区滝野川7-46-1
振替00160-5-151318　電話03（5907）6701
ご注文窓口　電話03（5907）6668

＊検印省略　　　　組版所 長野印刷商工株式会社

本書の無断コピーは，著作権・出版権にふれます。ご注意ください。

Printed in Japan　　　　　ISBN978-4-18-361820-7
もれなくクーポンがもらえる！読者アンケートはこちらから